창조력 마켓

창조력 마켓

한계와 벽이 없는 개인과 기업의 놀라운 이야기

CREATIVE POWER

정철화 지음

무한

1등을 지키느냐, 탈환하느냐를 두고 오늘도 기업의 1, 2위 간 순위 경쟁이 치열하다. 1등도 2등도 없는 변화무쌍한 경쟁시대에 영원히 1위 자리를 고수하려는 1등의 전략과 그 자리를 탈환하려고 호시탐탐 기회를 노리는 2등 기업의 전략은 다를 수밖에 없다.

이기지 못하는 기업들 입장에서 보면 성공한 기업들이 쉽게 성공하는 것처럼 보인다. 하지만 1등 기업들의 성공은 결코 우연이 아니다. 창조적 혁신 계획을 세우고, 소속원들이 창조적인 파워를 발휘할 때 경쟁력이 생기는 것이다. 사실 세계시장에서 최고라고 인정받는 기업들은 창조하는 습관이 배어 있다. 그 습관은 오랜 시간에 걸쳐 형성된 그 기업의 DNA이자 일종의 기업문화다.

누구나 새로운 것을 손에 넣고 싶어 한다. 이러한 심리를 만족시키면 돈을 벌 수 있다. 만약 노트북이나 자동차에 놀랄 만한 새로운 기능이 추가되면 사람들은 어떻게 할까? 노트북으로 일을 처리하는 사람이나 자동차에 관심이 많은 사람은 신제품을 구입하려는 마음에 잠을 설치는 경우도 생긴다. 매일 매일 생활 속에서는 큰 변화를 느끼지 못한다. 하지만 계절도 바뀌고 제품들도 라이프 사이클이 짧아져서 전자제품들은 몇 개월이 지나면 구형이 되어 버린다.

앨빈 토플러는 미래 사회는 다양화 시대라고 언급했다. 사람들은 보다 더 구별된 개성을 추구하며 남보다 차별화된 제품을 갖고 싶어 한다. 그러므로 그 니즈에 부응하기 위해 전자기술을 중심으로 한 새로운 기술이 급속도로 발전되어갔다.

배의 속도를 더 내기 위해 돛을 열 개 더 단다. 또는 더 속도를 내기 위해 돛의 크기를 크게 하여 바람의 저항을 많이 받아보자는 발상으로는 21세기의 위대한 기업이 될 수 없다. 그동안 연장선상에서 하던 생각을 접고, 과감하게 돛을 모두 떼어버린다. 그 다음 증기기관을 단다거나 더 나아가 핵연료를 사용해보자는 발상을 하는 것이 필요하다.

이러한 변화의 시대, 다양화 시대, 개성화 시대를 살고 있다. 우리는 직장생활이나 개인생활 속에서도 창조적인 활동을 즐기고 새로운 것을 찾아나가야 한다. 한 사람 한 사람이 개성을 발휘하고, 새로운 변화사회의 구성원으로 존재하기 위해서는 생활 속에서 창조력을 끌어내는 훈련을 하는 것이 매우 중요하다. 창조력을 바탕으로 나온 아이디어를 현실화시키면 인류사회에 공헌하고 돈도 벌 수 있다.

아이디어를 잘 내는 방법 중의 하나는 서로 다른 2가지를 합쳐 보는 것이다.

허친스라는 사람은 자명종과 시계를 결합하여 자명종 시계를 발명했다. 리프먼은 연필과 지우개를 합쳐 지우개 달린 연필을 만들어 돈을 벌었다. 또 어떤 이는 걸레에 막대기를 붙여 대걸레로 돈을 벌기도 했다. 20세기를 바꾼 상품이 39가지가 있는데, 그중에 가장 오래된 것은 1900년에 개발된 클립이고, 가상의 공간을 개척하여 인류에게 가장 큰 영향을 끼친 상품은 'www' 즉, 'world wide web'이다.

그리고 최근 들어 일류기업들이 세계적인 기업이 될 수 있었던 것은 창조적 발상이 그 중심에 있었기 때문이다. 도요타 자동차는 직장을 창조력 활동 실천 무대로써 잘 활용하는 회사 중의 하나이다. 전 종업원의 개선과 창조적인 사고가 회사의 DNA가 되어서 세계 최고의 자동차 회사로 발전하는 중요한 원동력이 되고 있다.

이 책은 새로움을 향해 여행을 시작하는 이들에게 창조력 발상의 좋은 도구를 제공하고, 지름길을 안내해주리라 생각한다.

1~3장에서는 창조적인 사람/기업이 되기 위한 방법과 노하우를 알

려주고, 4~5장에서는 창조적 혁신으로 성공한 기업들의 사례를 소개하여 퓨처마킹의 좋은 자료로 활용하게 하였다.

일반적인 관광 여행은 출발지점으로 돌아옴을 전제로 하지만 창조적 혁신 경영을 위한 여행은 다시 돌아오는 길이 아니다. 미래의 수종 상품과 사업을 개발하고, 새로운 프로세스와 혁신된 마인드를 찾아서 남보다 빨리 목적지를 향해 가는 길고 먼 여행이다. 창조적 혁신의 여행이 멈출 때 또는 출발지로 돌아오는 여행이 될 때 글로벌 경쟁에서 낙오된 기업이 되는 수모를 겪게 될 것이다.

박근혜 정부에서 강조하는 '창조경제'도 결국은 창조적인 발상과 창조력을 발휘하는 방법에 대한 연구 없이는 구호에만 그친 슬로건에 불가하게 된다. 이 책이 개인과 기업의 창조력을 끌어내고 넓히고 늘리는데 만능은 아니지만, 창조경제를 구체적으로 실현하는 데 좋은 안내자가 되리라 생각한다.

이 책이 세상에 나올 수 있게 출판을 허락하신 무한 출판사 손호근 사장님 이하 모든 직원들에게 감사드린다. 그리고 독일에서 발레를 하면서도 책을 완성하는 데 밤새우며 원고 교정에 도움을 준 큰 딸 은 경에게 감사드린다. 미국에서 기도로 후원해주는 둘째 딸 사위 신현우 목사에게 고마움을 전한다. 마지막으로 매일 새벽에 아들을 위해 기도하는 어머님, 장모님, 도형을 통하여 심리를 연구하는 사랑하는 아내에게 감사한 마음을 전한다.

-정철화

차례

1 정글의 시대를 여는 유일한 키

2 1등 기업은 어떻게 일하는가?

3 해석의 재해석

4 창조력으로 성공한 기업들 Ⅰ
– 유니크함과 즐거움으로 승부하다

I

01
버림의
미학

대부분 기업들의 CEO에게 '2014년 경영의 화두'를 물으면, 창조경제를 실현하기 위한 중요한 힘의 원천인 '크리에이티브 파워'를 직원들이 가지는 것이라고 언급한다. 기업의 평균 수명은 지난 한 세기 동안 놀라운 속도로 줄어들었다. 1935년에는 90년이었던 기업의 평균 존속 연도가 20년 후인 1955년에는 수명이 45년으로 단축되었고, 1975년에는 다시 30년까지 단축되었다. 그리고 1995년에는 22년, 급기야 2012년의 경우 평균 15년 수준이다.

우리나라의 경우 상공회의소 분석 결과를 보면 창업 후 5년이 지나면 65%가 사라지고, 창업 20년 차에는 9%만이 생존한다고 한다. 인간의 평균수명은 늘어나는 데 반해 기업은 그렇지 못한 것이 현실이다.

이유는 여러 가지가 있겠지만, 21세기의 급변하는 환경 속에서 기업의 수명을 연장하는 방법을 알지 못하거나, 문제 해결의 필수인 크리에이티브 파워의 개발에 소홀히 하기 때문이다. 변화에 신속하게 대응하고 막힌 문제를 해결해 주어야 기업이 끊임없이 발전할 수 있다. 그 문제를 해결하는 길은 창조력 개발 활동이다.

과거의 성공을 과감하게 버려라

최근에 새로운 경영 패러다임으로 '창조경제, 창조적 혁신 경영'이 화두가 되고 있다. 실제 삼성그룹, 포스코, LG전자, 현대그룹, 기업은행 등 국내 여러 기업이 창조적 혁신 경영을 펼치고 있으며, 그 관심은 날로 뜨거워지고 있다. 그러나 제대로 방향을 잡고 성과와 연결시키는 기업은 그리 많지 않다.

빌 게이츠는 "나는 세상에서 가장 신나는 직업을 갖고 있다. 매일 일하러 오는 것이 그렇게 즐거울 수 없다. 왜냐하면 직장에는 미래의 행복을 위해 아이디어를 실천하는 장이 있기 때문이다. 나의 직장에는 늘 새로운 도전과 기회와 배울 것들이 기다리고 있다. 누구든 자기 직업을 나처럼 즐긴다면 결코 탈진되는 일은 없을 것이다"라고 미래를 준비하기 위한 창조력 발휘의 장으로 직장을 활용하라고 강조했다.

새로운 제품, 새로운 사업을 창출해내는 것이 창조력 개발 활동이라고 하지만, 이것만이 아니다. 현재의 업무를 개선하고 현재의 기술이나 품질을 개선하는 것도 창조력 개발 활동의 결과라고 할 수 있다.

기업이 생존하느냐 사라지느냐는 지속적으로 혁신하고 있느냐 정체하고 있느냐에 따라 좌우된다고 한다. '혁신革新'을 한다는 것은 미래를 위해 미리 체질을 바꾼다는 뜻이고 가죽을 벗어서 새 가죽을 입힌다는 뜻이다.

자신이 일군 지금의 성공에 눈이 멀면 아무것도 보이지 않는 것이 문제이다. 분명한 것은 지금의 성공은 과거 노력의 결과이지 미래에도 성공을 보장해 주는 것은 아니라는 점이다. 지금 현재 하고 있는 일이 무엇이냐에 따라서 그 일이 성과를 내고 꽃이 피면 미래의 성공을 보장하는 것이다. 그래서 마이크로 소프트 빌 게이츠 회장은 "과거의 성공이 나의 큰 적이다"라고 말하면서 현실 안주를 제일 위험한 것으로 보았다.

코닥은 필름에 집착해서 새로운 흐름을 부정해서 파산을 했고, 소니는 자신들의 표준에만 집착하여 기술개발이 뒤처지기 시작했다. 모토로라는 4300만의 아날로그 고객에 집착하여 디지털시대를 대비하지 못해 구글에 인수되었다.

짐 콜린스가 강조하는 기업 쇠퇴의 단계는 다음과 같다.

자만 → 욕심 → 위기 부정 → 구원자 찾기 → 유명무실

노키아는 1등이라는 자만에 빠져서 애플의 창조적 제품인 아이폰의 출시에 특별한 의미 부여를 하지 않았다. 그리고 피처폰 고객이 노키아를 항상 사랑해 줄 것으로 생각했지만 대부분 스마트폰으로 고개를 돌렸다.

결국 파산 직전에 기업쇠퇴의 4단계로 들어가 MS에 구원을 요청하였다. MS는 이미지가 손상된 노키아라는 브랜드를 MS의 좋은 이미지를 결합해서 새로운 브랜드를 서서히 만들어 갈 것이다. MS의 브랜드는 노키아라는 브랜드를 서서히 잊게 해서 기업 쇠퇴의 마지막 단계인 유명무실의 단계로 진입할 것이다.

버리지 못하면 새로운 것을 채울 수 없다

삼성그룹도 위기가 있었다. 삼성그룹은 20년 전에 위기를 벗어나기 위해 신경영을 주창하였다. 타성에서 벗어나기 위해 "아내와 자식 빼고는 전부 바꾸라!"고 했다. 바꾸는 것을 힘들어 하니까 전부 버리라고 했다. 바꾸고 버리는 것을 좀처럼 잘하지 못하니까, 삼성전자 임원 200여 명을 68일간의 일정으로 회사를 떠나 선진기업들을 보고 배우게 했다.

일절 회사에 전화를 걸지 못하게 하고, 낮에 보고 배운 것을 밤에는 밤늦도록 토론하게 하여 위기의식을 공유하고 임원이 해야 할 일을 깨닫게 했다. 그들은 자신이 없으면 회사에 큰일이 생길 것이라고 생각했다. 그런데 2개월이나 비워도 회사는 더 잘 돌아가고 있다는 것을 전해 들은 대부분의 임원은 심각한 위기의식을 가지게 되었다.

"삼성이 망하면 사회에 나가서 무엇을 할 것인가?"를 생각해보니 특별히 할 게 없다. 삼성이 살아야 자신이 산다고 하는 생각에 이르자 혁신활동인 질경영에 적극 참여해야겠다고 깨닫게 되었다.

깨달음은 '깨다'와 '도달하다'의 합성어이다. 깨닫고 도달하기 위해서는 자신이 아는 것과 자신의 몸 사이에 간극이 없어야 한다. 즉 아는 것이 행동으로 연결되어야 비로소 깨달은 사람의 부류에 들어갈 수 있다. 삼성의 임원들이 68일간의 대장정을 통해 깨달음의 경지에 도달하자, 미래 위기의 요체를 신속하게 발견하고 제거하기 위한 의사결정과 움직임이 빨라졌다. 임원들이 신경영에 대한 새로운 인식과 미래 준비 아이디어가 행동화되자 경영 성과로 나타나기 시작했다.

그 결과 세계 1등 제품을 삼성전자가 7개 이상 보유하는 창조적 기업으로 거듭났다. 2013년 6월 7일 신경영 20주년에 이건희 회장은 취임 후 처음으로 전 직원에게 '앞으로 우리는 1등의 위기, 자만의 위기와 힘겨운 싸움을 해야 한다'라는 내용의 이메일을 직접 삼성그룹 국내외 임직원 35만 7000여 명에게 보냈다.

1등이 자만하거나 외부의 변화를 무시하면 바로 퇴락의 길로 걷는다는 것을 경계하는 당부의 내용이다. 우리나라 GDP의 10% 이상을 차지하는 삼성이 미리미리 미래를 대비하는 모습이 든든하다. 지속적인 성장 발전을 위해 아낌없는 응원을 보낸다. 자만의 위기를 극복하지 않으면 지속 경영이 불가능하다는 것을 이 회장은 잘 알고 있기 때문이다.

타성이나 자만에서 벗어나려면 현재의 것을 버리려는 노력을 해야 한다. 버리기 위해서는 과거의 성공도 해체하는 과감한 결심이 필요하다. 일을 함에 있어서 비효율적인 부분, 불필요한 것, 가치 없는 것을 잘라내는 것이다. 그리고 버리고 난 빈자리에 새로운 것을 채워 넣는다는 것까지 포함시켜야 진정한 버림이다.

버리지 못하면 새로운 것을 채울 공간이 없고, 비어진 공간이 있어야 새로운 것이 들어갈 수 있다. 비우지 못하는 이유는 비우면 손해 볼 것이라는 생각이 앞서기 때문이다. 그래서 평소의 생각들을 글로 정리해 놓으면 쉽게 버리고 비울 수 있다.

새로운 아이디어에 열린 자세로 임하기 위해서는, 과거에 있던 아이디어나 생각들을 전부 글로 쏟아낸 뒤 경험한 일들을 표준으로 만들어 놓아야 머리를 비울 수 있다. 비워야 할 아이디어는 기존에 차지하고 있었던 레디―메이드, 즉 이미 존재해 있는 답이나 머릿속에 각인된 타성에 젖은 정의들이 될 것이다.

우리의 두뇌를 비워버리기만 하면 잘 떠오르지 않는 아이디어조차도 재빨리 구현할 수 있고 융합할 수 있어서 훨씬 자유로워진 상태에서 발상을 할 수 있다. 그동안 고정관념으로 보이지 않던 문제들도 문제로 보이고, 문제가 발견되면 해결하고 싶은 의욕도 생기고 목표도 나타나게 될 것이다. 그러나 처음에는 훈련되지 못하여 그다지 실현성이 없고, 근본적인 문제 해결을 할 수 없는 아이디어로 나타날 것이다.

하지만 이러한 아이디어는 점점 진화하여 종국에는 가장 우수하고 새로운 아이디어로 발전하여 인정받을 것이다. 왜냐하면 당신이 알고 있는 지식정보나 전문 정보의 상승 작용과 현명한 통찰력이 결합되어 경쟁력 있는 신상품이나 신사업을 수행하는 아이디어를 줄 것이기 때문이다.

찰스 다윈은 '강한 종이 살아남는 것이 아니라, 변화하는 환경에 적응하는 종이 살아남는다'고 했다. 공룡의 크기와 강함은 대단한 것이었지만 이 지구상에서 더 이상 존재하지 않고 있다.

마이크로소프트 회장은 변화가 있을 때 나타나는 찬스를 잘 잡고 살려서 세계적인 기업이 되었다고 한다. 그 찬스를 잡기 위해서는 새로운 생각의 발상이 필요하다. 변화의 속도와 폭이 점점 빨라지고 있는 현대사회에서 살아남고, 기업경쟁력을 확보하기 위해서는 가장 필요한 무기가 '창조력'이다. 즉 변화가 왔을 때 신속하게 아이디어를 내어서 기회로 전환해야 생존하고 이길 수 있다.

소주의 도수도 변화하는 환경에 맞추어 도수가 내려간다. 1996년 이전까지는 25도가 주류였지만, 2~3년마다 도수가 내려가서 올해부터는 16.5까지 떨어졌다. 여성 음주 인구가 늘어나고, 웰빙 붐을 타고 건강에 대한 관심이 많아짐에 따라 소주회사는 그런 변화를 포착하여 도수를 낮추었다. 사용하는 물도 해양 심천수를 사용하고, 병의 컬러도 자연친화적인 그린색으로 바꾸어서 판매하고 있다.

휴대전화가 없던 시절 무선 영상으로 통화하는 것을 꿈꾸어 왔지만 단순한 꿈에 불과하다고 포기해버린 사람이 있는가 하면, 이것을 실현할 수 있다고 믿은 사람들이 무선영상 통화의 꿈을 현실로 바꾸어 놓았다.

그 기능도 단순하게 통화만 하는 기능에서 전자카드, 카메라, 녹음기, 거울, 계산기, TV, 자명종시계, 다이어리, 전화번호부, 메일, 인터넷, 뮤직 박스, 게임기, GPS, 메모장, 캠코더, 주식거래, 리모트컨트롤 등 다양한 기능을 추가하여 아이디어의 복합화를 이루어냈다. 불가능을 가능으로 바꾸고, 우리의 삶을 더욱 윤택하게 해주는 방법을 제공해주는 힘이 '창조력'이다.

창조력을 발휘해서 성공한 대표적인 회사가 도요타 자동차이다. 도요타 자동차가 올해에도 세계 최고의 매출과 이익을 올리는 자동차 회사가 될 것이라는 예상을 누구나 의심하지 않는다.

도요타는 단순히 세계 1위가 되느냐 마느냐에 연연하는 것이 아니다. 고객에게 신뢰받고 사랑받는 차를 만들기만 하면 자연적으로 찾아오는 결과이다. 미래 도요타의 가장 큰 적은 'GM이나 포드가 아니고 현재의 도요타다'라고 한다. 오늘의 도요타를 극복하지 않고서는 미래의 도요타는 없다는 것을 의미한다.

도요타의 미래 전략은 4가지이다.

1. 전 세계의 동네 구석구석에서 환영받는 동네기업이 되는 것이다.
2. 차를 10% 이상 경량화하여 환경오염을 개선하고 자연친화적인 차를 만드는 것이다.
3. 품질은 어느 것과도 바꾸지 않는다.
4. 성장 속도보다 인재 육성의 속도를 더 빠르게 돕는다.

글로벌 훈련센터를 확장하여 도요타의 DNA를 몸에 체득하는 교육훈련을 대폭 강화하여 시행하고 있다. 문제를 끊임없이 발견하여 창조적으로 해결하는 인재를 육성한다. '고정관념을 타파하는 교육훈련은 성장속도에 맞추어 계속되어야 1등이 유지되고 성장이 계속된다'고 도요타 경영자들은 특별하게 강조하고 있다.

세계적인
자동차 회사들의
탄생 비화

뇌세포는 나이가 들면서 소멸되는 양이 많아지는데, 60세 이상이 되면 여러 요인으로 100만 개 이상 죽어간다고 한다. 뇌세포는 왜 죽는 것일까? 여러 가지 원인 중 가장 크게 영향을 미치는 원인은 뇌를 쓰지 않기 때문이다. 한번 죽으면 더 이상은 보충되지 않는 게 뇌세포라고 하지만, 뇌세포를 자극하고 자주 사용하면 반대로 그 활동 영역을 넓혀 나갈 수 있다.

뇌세포를 활성화시키는 하나의 방법은 매일 3~5분 정도 일정한 시간에 생각하는 시간을 가지는 것이다. 더 중요한 것은 이러한 시간을 습관적으로 가져야 한다는 것이다.

아침에 일어나자마자 10분간 명상을 하거나, 자기 전에 그날의 감사한 일 중에 10가지를 떠올려 보면 뇌세포가 활성화된다고 한다. 출근이나 퇴근 시에 보았던 것들을 잠깐 동안 되새겨보는 것도 머리 회전을 빨라지게 하는 좋은 방법이다.

자신의 스케줄에 따라 가장 편한 시간을 정해 하루에 한 번 이상 어떤 문제에 대해 다각도로 해결안을 조용히 생각하는 것을 시도해 보면 아주 좋은 효과가 있다.

'내가 머리 아파하는 그 문제가 지금보다 2배 더 심각하다면?'

'10배 심각하다면?'

'아니면 반 정도 심각했다면?'

'이 문제를 완전히 거꾸로 뒤집어보면?'

'이 문제가 내년까지 존재한다면?'

'10년 후까지 존재한다면?'

'만일 갑자기 이 문제가 해결된다면?'

'어린아이였다면 어떻게 해결할까?'

이런 식으로 머리를 회전하는 연습을 하면 뇌세포를 활성화시킬 수 있다. 기존의 고정관념과 틀을 과감하게 깨뜨리고 일상생활 속에서 다르게 생각하면서 여러 각도로 보는 훈련을 하는 것이 필요하다.

LG전자 창원공장에서 고졸 출신의 제안왕이 된 사람을 만난 적이 있다. 그는 출근할 때 매일 다른 길로 출근한다고 한다. 매일 다르게 출근하는 방법을 생각하고 그 방법을 계속 실천했더니, 문제를 바라보는 눈도, 제안 아이디어를 내는 수준도 사내에서 최고가 되었다고 한다.

다르게 해보는 방법은 여러 가지가 있다. 새로운 사람과 점심식사를 하거나, TV를 즐겨 보았다면 TV를 끄고 라디오 방송을 들어보거나 동화책을 읽어보는 것도 좋다.

삼성은 휴대전화가 막대식이 아니라 슬라이드식이 있다는 것을 세상에 처음 알렸다. 한국의 조선소는 수백 년간의 고정관념을 깨뜨리고 도크가Dock 없어도 배를 만들 수 있는 새기술을 개발했다. 포스코는 소결 공장과 코크스 공장 없이도 철강석에서 철을 제련해내는 파이넥스라는 신공법기술을 개발하여 세계 최고의 경쟁력을 유지하고 있다. 딕 포스베리라는 높이뛰기를 가위뛰기 방식에서 배면뛰기로 바꾸어서 더 이상 높이 뛸 수 없다는 인간의 한계를 극복하고 세계 신기록을 수립하였다.

생활 속에서 얻을 수 있는 새로운 발상은 생각을 깊이 할 수 있게 하고 뇌세포를 자극하게 된다. 그러므로 뇌세포 운동이 활성화되어 획기적인 아이디어를 낼 수 있게 한다.

또 다른 방법은 연상하는 힘을 키우는 것이다. 영화나 연극을 보고 난 후, 머릿속에 스토리를 다시 전개해보거나 또 다른 스토리로 연상을 해나간다. 연상을 하면 신경세포에 발이 생겨난다. 이러한 것들이 연결되어 발상력이 생기는 것으로 특히 시각적인 이미지로 연상하면 종합적인 연상 실력이 상승하게 된다. 실제로 아인슈타인은 상대성 이론을 언어로 생각한 적이 한 번도 없었다고 한다. 개념이 이미지로 먼저 떠오르면 그것을 공식으로 표현했다는 것이다.

건축가 프랭크 로이드 라이트는 집이 독립된 구조물이 아니라 풍경을 이루는 필수요소라고 생각했다. 이렇게 이미지로 연상하면 재미도 있다. 또 한 가지 사고에 몰두하는 것을 되풀이함으로써 자연스럽게 집중력이 길러지고 연상 실력이 올라간다.

일본의 와다나베 교수는 바둑을 두는 것이 뇌의 신경세포를 최대한 넓게 전체적으로 사용하여 신경세포 간에 연결을 좋게 만든다고 했다. 한곳에 집착하는 것보다 넓은 곳을 보게 해주고, 사고의 기본적인 훈련을 도와준다. 정서를 안정시켜 주의력, 집중력, 인내심을 길러주어 지능의 발달을 돕는다. 또한 수 읽기와 감각을 키워주며 두뇌 스포츠의 대표적인 게임으로 직감력 발달에 무한한 도움을 제공한다고 한다. 치매를 방지하기 위해 고스톱을 추천하는 것도 같은 원리에 입각한 것이라 할 수 있다.

세계적인 자동차 회사들은 대부분 생활 속에서 불편한 점을 개선하기 위하여 아이디어를 낸 것이 사업화로 실현된 경우이다. 대부분 고객 사랑과 부모나 아내를 위하는 마음이 아이디어 발상의 힘이 되어 세계적인 자동차 회사로 발전하는 계기가 되었다.

혼다 자동차의 창시자 혼다 소이치로가 쌀가게를 하고 있을 때 아내는 자전거로 쌀을 배달하는 일을 도와주었다. 아내가 언덕에 있는 집으로 배달할 때 매우 힘들어하고 가기 싫어하는 것을 보고 '자전거에 모터를 달 수 없을까?'라고 생각했다. 이런 의문을 가지고 연구한 결과 자전거에 모터를 붙여서 오토바이를 만들고 이어서 자동차를 만들 수 있었다. 아내에 대한 사랑이 새로운 아이디어를 내게 한 것이다.

포드는 부모님이 큰 농장에서 힘들게 경작하는 것을 보고 농사를 기계식으로 일하기 쉽게 만들어 드리고 싶어서 아이디어를 냈다. 부모에 대한 사랑의 발로로 농기계를 연구한 결과, 트랙터를 만들어서 농사를 편하게 지을 수 있도록 해드릴 수 있었다.

그 후 특권 부유층만 타는 자동차를 '일반인들도 어떻게 하면 싸게 구입할 수 있을까?'에 대해 연구한 결과 2100달러 하던 차를 825달러에 만들게 되었다. 이 연구는 도축장에서 작업자가 움직이는 것이 아니라 쇠고기가 행거에 걸려서 오면 부위별로 절단하는 이동식 작업에서 아이디어를 얻은 것이다.

자동차 조립도 작업자는 이동하지 않고 차가 자동으로 흘러와 자신이 담당한 부품만 조립하도록 대량생산이 가능하게 하는 시스템을 고안해낸 것이다.

그 결과 세계 최초로 컨베이어 시스템을 창안하였다. 제품의 단순화와 부품의 표준화 및 작업의 전문화를 이룩한 3'S^{Simplification, Standardization, Specialization} 운동을 추진하여 표준화된 제품을 대량생산하게 되었다. 1908년에 세계 최저 가격인 T형 포드를 출시할 수 있었다. 대량생산과 대량 소비의 결합으로 제2차 세계대전 이후 자본주의 경제의 황금시대를 이룩하는데, 컨베이어 시스템이 크게 공헌한 것이다.

도요타 사키치는 하루 종일 베틀에 앉아서 베를 짜는 어머니를 편하게 해드리기 위해서 자동 직기의 연구에 몰두하였다. 그 결과 세계 최초의 연속 무정지 직기를 개발하게 되고, 그 특허권을 팔아서 도요타 자동차를 만드는 기본 자본금을 축적할 수 있었다.

제임스 리티는 그의 식당에서 직원이 돈에 손을 대지 못하도록 현금이 들어오는 것을 기록할 방법을 찾고 있었다. 그러다가 증기선 위에서 프로펠러의 회전수를 세고 기록하는 장치를 보게 되었다. 그 원리를 적용하여 세계 최초의 금전 등록기를 개발하였다. 허친스는 자명종과 시계를 결합하여 자명종 시계를 발명하고, 제이컵 하우는 걸레에 막대기를 붙여 대걸레를 만들었다. 리프먼은 지우개를 자주 잃어버리자 연필 뒤에 지우개를 달아 쓰게 되었는데, 그 연필이 편리해서 친구가 특허를 내라고 했다. 그 특허를 미국의 연필 회사에 팔아서 엄청난 돈을 벌어들일 수 있었다.

우리 삶 속에서 개선하려는 노력과 생활 속에서 나타나는 문제를 해결해보려는 시도를 끊임없이 하게 된다면 길가에 핀 꽃들도, 길에 굴러다니는 돌들까지도 자신의 문제를 해결하거나 부를 창출하는 데 도움받을 수 있다. 그러나 내 앞에 놓인 작은 문제도 해결하지 못해서 고민하고 근심, 걱정만 하고 있는 것이 우리의 현실이다. 근심 걱정할 시간이 있으면 두뇌를 활성화시켜서 아이디어를 내는 훈련을 해보도록 하자. 부정적인 발상과 생각은 나의 뇌세포를 죽이고 아이디어가 나오지 못하도록 관념의 틀을 쌓게 한다.

아이디어는 주변에서 찾을 수 있고, 주변 생활 속에서 찾은 아이디어는 개인을 행복하게 한다. 나아가 인류의 행복도 함께 가져다주는 파랑새의 역할을 하게 될 것이다.

03
5Why?

　도요타를 세계 최강의 기업으로 올려놓은 원동력은 진화하는 '창조력 개발 활동'에 있다고 해도 과언이 아닐 것이다. 세계 최고의 자동차 회사가 세계 최고의 신발 회사인 나이키의 경영 방식으로의 변형을 검토했다. 도요타의 모든 경영 방식은 고정화된 시스템이 아니다. 지금 이 시간에도 끊임없이 아이디어를 내어 변화하면서 진화해가는 방식이기 때문이다.

　도요타는 아이디어를 활성화시키고 문제 해결을 하기 위해 '5Why'라는 기법을 활용하고 있다. 5Why는 아르키메데스의 점点을 찾는 것이다. 이탈리아의 수학자 아르키메데스Archimedes는 '움직이지 않는 한 점'만 주어진다면 그 점을 받침점으로 삼아 긴 막대기를 지렛대로 이용하여 지구를 들어 올리겠노라고 주장하였다. 여기서 비롯된 비유로 '아르키메데스의 점'이라는 말이 쓰이고 있다. 확실한 지식의 기초,

모든 지식을 떠받치고 있는 근본적인 토대를 일컬어 '아르키메데스의 점'이라고 한다.

근대 철학의 아버지라 불리는 프랑스의 철학자 데카르트Descartes는 제1원리를 찾기 위하여 '방법론적 회의'를 시도하였다. 우리들이 소유한 모든 지식을 일단은 의심하여 더 이상 의심하려 해도 의심할 수 없는 명확한 진리에 도달하려는 것이 데카르트의 의도였다. 그리하여 그는 모든 것을 의심하더라도 더 이상 의심할 수 없는 것을 찾았다. '내가 의심하고 있다는 사실' 그 자체였다. '의심하고 있는 나 자신'과 '의심한다는 사실', 이 2가지는 의심할 수 없는 것이라 하였다. 그래서 그가 남긴 유명한 말이 있다.

"나는 생각한다. 고로 나는 존재한다Cogito ergo sum."

문제에 대한 근본 원인을 찾고, 아르키메데스 점에 도달하기 위해서는 왜를 5회 이상 질문해 보아야 한다. 그 점을 발견한 후에 아이디어를 내야 실용화 할 수 있는 아이디어가 될 수 있기 때문이다.

기계가 갑자기 정지되었다면

질문1 – 왜 기계가 멈추었는가? 과부하가 걸려 퓨즈가 나갔다.

질문2 – 왜 과부하가 걸렸나? 축에 윤활유가 충분하지 않아서이다.

질문3 – 왜 충분히 윤활유를 주입하지 않았는가? 윤활 펌프가 잘 작동하지 않기 때문이다.

질문4 – 왜 펌프는 작동되지 않았는가? 펌프축이 마모되어 덜커덩거린다.

질문5 – 왜 마모되었는가? 여과기가 붙어 있지 않아서 절삭 칩이 들어갔기 때문이다.

이렇게 철저하게 왜를 반복하지 않으면 진정한 원인을 발견할 수 없다. 이 경우 퓨즈를 갈거나 윤활유를 주입한다고 해서 근본 문제가 해결되는 것은 아니다. 왜를 추구하므로 사물의 인과관계와 그 속에 숨어 있는 참 원인을 발견할 수 있다.

이와 같이 진정한 원인을 찾아야 똑같은 트러블이 발생하지 않고 점점 수준이 높은 아이디어를 내 경쟁력 있는 직장이 될 수 있다. 왜를 반복하고 참 원인을 찾는 것은 시간도 걸리고, 원인이 서로 간에 얽혀 있기 때문에 끈기를 가지고 해결하지 않으면 좀처럼 해결할 수 없다.

또한 문제가 발견되자마자 처음부터 즉각 원인을 규명하면 쉬운데, 시간이 지날수록 문제가 복잡하게 엉키어 해결을 어렵게 하므로 초기부터 철저하게 '왜'를 추구해 나가야 한다. 더 이상 의심할 수 없는 곳까지 다가가 아이디어를 내는 것이 '5Why'이다. 응급 처치를 하거나 겉보기만의 원인으로 대책을 세우고 나면 그 순간은 넘길 수 있다. 하지만 더 큰 사고로 연결된다는 사실을 기억해야 한다.

생산 현장뿐만 아니라, 일상 업무에서도 철저하게 왜를 추구하여 문제점을 추출하고 아이디어를 내어 개선해야 한다. 필자가 컨설팅한 회사의 사무실 입구에는 여직원 한 명이 손님이 오면 표찰을 달아주고, 하루 종일 안내하는 일도 하고 있었다.

그 여직원에게 이렇게 질문하였다.

"왜 하루에 손님 20명도 채 오지 않는 곳에서 근무하나요?"

"손님이 오면 불편하지 않게 안내하기 위해서요."

"왜 손님이 올 때까지 앉아서 기다려야 하나요?"

"손님이 언제 올지 모르기 때문입니다."

"왜 손님이 언제 올지 모르나요?"

"사전에 예약 없이 찾아오기 때문입니다."

"왜 예약 없이 찾아오는 손님을 위해 여직원 1명이 기약 없이 안내 데스크에서 기다려야 하나요?"

이와 같이 생각하다보니 손님이 언제 오는가를 알면 오는 시간에 맞추어서 안내 데스크에 나가 있으면 되었다. 나머지 시간에는 다른 업무를 볼 수 있도록 다음과 같이 개선하였다.

수위실에서 손님이 오면 버튼을 누른다. 사무실 표시등에 불이 들어오면 여직원이 미리 안내 데스크에 나와 앉아 있는 것이다. 그러면 수위실에서 안내 데스크까지 걸어오는 시간이 있으므로 손님의 안내를 충분히 할 수 있다. 이와 같이 '왜'를 추구하다보면 생산뿐만 아니라 사무 부문에서도 아이디어를 내어 개선과 연결되고, 고정관념을 타파하는 계기가 된다.

신공항은 착륙비가 저렴해야 많은 항공사가 이용한다. 그러므로 투자비를 줄여 감가상각비를 타 공항보다 낮추지 않으면 경쟁할 수 없었다. 그러나 나고야 중부국제 공항은 후발로 건설했기 때문에 코스트도 올랐다. 결과적으로 인건비 등 제반 비용이 비싸져서 나리타공항이 인접한 간사이공항과 경쟁하기는 쉽지 않았다.

그래서 도요타에 부탁해서 경영 개선을 위한 프로를 10명 지원받았다. 도요타에서 파견된 부장 5명, 과장 5명이 설계도와 공사 계획부터 재검토에 들어갔다. 왜, 왜 분석을 반복하면서 낭비 작업과 부가가치를 내지 않는 점들을 찾기 시작한 것이다. 전기 공사, 수도 공사, 하수도 공사, 전화 공사 등 하나하나 나누어 검토해보니 여러 가지 낭비 요인을 발견할 수 있었다.

예를 들어 공사계획서를 살펴보니 전기 공사를 한다고 땅을 파고 다시 메우고, 같은 곳을 전화 공사한다고 다시 파헤치는 등 동일한 장소를 몇 번이나 파고 메우고 하는 식의 낭비가 많았다. 또한 연결부위의 볼트, 너트도 공용화되지 않아 여러 종류를 발주해야 했다. 왜 이렇게 종류가 많은지 질문하자, 설계 회사가 각각 달라서라고 했다. 볼트, 너트를 표준화 공용화하여 종류를 대폭 줄였다. 그러자 동일 제품이 많아져 제품 가격이 떨어지고 작업의 효율성도 훨씬 높아졌다. 이러한 헛일들을 하나하나 찾아서 없애다보니 제1차 공사에서 15%의 예산을 절감할 수 있었다.

그 다음해 예산은 아예 처음부터 25%를 공제하여 목표 코스트를 설정하고 왜왜 방식을 철저하게 추구하여 개선 활동을 하였다. 이런 식으로 매년 계속하자 저렴한 공사비로 완성, 경쟁력 있는 공항을 만들 수 있었다.

왜 분석을 통한 아이디어 발상법은 낭비 제거에 대한 사상이 철저하게 몸에 배인 인재를 육성하게 한다. 그것이 습관화되면 경쟁사를 따돌릴 수 있는 저력이 된다는 것을 확인할 만한 좋은 사례다.

흔히 생산목표 달성을 못하면 왜 목표 달성을 못했는지 철저하게 왜, 왜 분석을 한다. 그러나 목표를 달성했을 때는 "야! 목표 달성했다. 안심이다"라고 외치면서 왜, 왜 분석을 하지 않는다. 하지만 오히려 목표를 달성했을 때 왜, 왜 분석을 철저하게 하라고 강조한다. 목표를 잘 달성한 방법을 아는 것이 목표를 미달한 원인을 아는 것보다 더 중요하고 활용 가치가 있기 때문이다.

문제를 숨기면 그 문제 속에 또 다른 문제가 숨고, 그것이 엉키면 도저히 풀 수 없는 큰 문제로 바뀌게 된다. '병은 알려야 빨리 치료할 수 있다'는 속담처럼, 문제란 발생 즉시 보이게 하고 보인 문제에 대해서는 시간이 걸리더라도 문제의 배후에 있는 참 원인을 규명하여 아이디어를 내어 해결해야 한다.

이와 같이 문제를 보이게 하고 즉석에서 왜를 철저하게 추구하여 해결하는 시스템 중 하나가 '라인 스톱제'라고 할 수 있다. 라인에 문제가 생기면 생산 목표 달성에 지장이 있더라도 라인을 정지한다.

5Why는 3회까지는 쉽게 들어가지만 4, 5회까지 들어가면 이런 원인 때문에 할 수 없다는 결론에 도달하게 된다. 따라서 회사의 큰 문제에 대해서는 관리직이 직접 참가하여 5Why를 추구해야 원점으로 돌아가지 않고 진짜 원인을 발견하고 조치할 수 있다. 작업자 레벨에서는 7대 낭비 제거 사상(과잉생산의 낭비, 재고의 낭비, 운반의 낭비, 대기의 낭비, 가공 그 자체의 낭비, 불량의 낭비, 동작의 낭비)을 철저하게 주지시켜 그 낭비의 종류를 발견하고 개선하는 데 노력하면 된다.

특히 왜를 추구할 때는 3현 2원주의現場, 現物, 現狀, 原理, 原則로 돌아가는 것이 중요하다. 어떤 물건이 탄생할 때에는 인풋이 있고, 그것이 변환 과정을 거쳐 아웃풋에서 제품으로 변환되어 고객에게 제공된다.

문제점을 정확하게 파악할 때는 3현 2원주의에 입각해서 현장에서 현물을 보고 현상을 파악하면서, 데이터를 정확하게 취하여 변화하는 원리 원칙을 알아야 한다. 재료가 제품으로 변화하는 과정을 기계공학 등의 원리로 해석하면 보다 근본적인 대책을 수립할 수 있다. 3현2원주의를 실천할 수 있는 사람은 말이 이치에 맞고, 행동도 이치에 맞는 사람이어야 한다. 원리는 바꿀 수 없는 고유 기술이고, 원칙은 상호 간의 약속이기 때문이다.

가치가 있는 것은 무엇인가? 그 가치의 실현은 어떻게 아이디어를 내고 해결해야 하는지를 아는 창조적 인재들을 훌륭하게 육성하는 데에 달렸다. 변화에 대응하고 그 변화를 기회로 전환하는 원동력은 창조력이라고 할 수 있다.

창조적 변화를 창출해내고 자기 스스로 지혜를 내는 힘을 키우는 것이야말로 21세기에 필요한 인재이다. 그런 사람들을 태우고 함께 가는 기업들은 외부의 환경이 어떻게 변화하더라도 승승장구하는 기업으로 분류되고 있다.

공급이 수요를 초과하는 시대에 진입한 것뿐만 아니라 집집마다 필요한 가전이나 자동차 등을 거의 구입해 놓았다. 때문에 21세기에는 새로운 아이디어가 첨가된 상품이 아니면 새로운 수요를 창출할 수 없다.

특히 무無자원국인 우리나라는 지혜를 내서 부가가치를 새롭게 만들어가야 한다. 자원은 유한하지만 지혜는 무한하기 때문에 창조력을 살리면 보다 효율적인 자원의 활용과 고객에게 환영받는 경쟁력 있는 제품을 만들 수 있다. 이러한 창조력을 끌어내는 방법에 대해 아는 것

은 창조적 혁신경영을 실천하는 지름길을 발견한 것이라고 할 수 있
다.

2

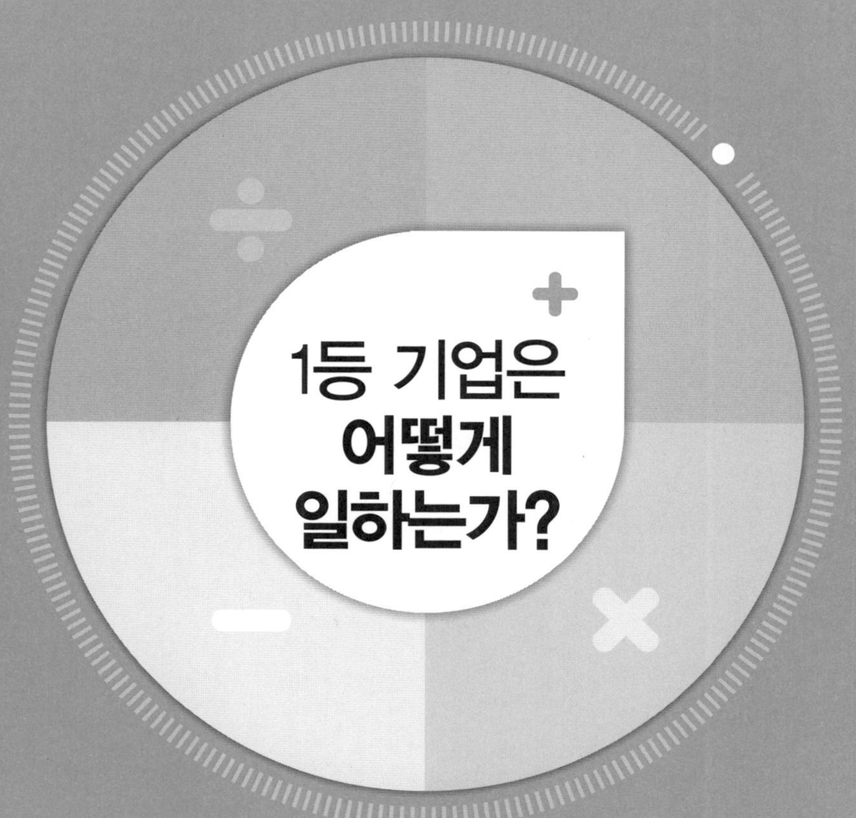

01 목표달성을 위한 질문 기법

창조 공학자인 토마스 교수는 창조를 '문제를 해결하기 위해 이질적이기는 하나 새로운 것의 조합으로 지금까지 없었던 움직임을 만들고, 새로운 발상과 그것을 사용할 수 있는 형태로 만드는 것을 포함한다'라고 정의하고 있다.

여기에서는 '이질적인 것의 조합과 사용할 수 있는 형태로 만든다'는 점에 주목해야 한다. 결국, 창조란 문제를 해결하기 위한 과거의 지식 경험의 조합이며, 조합이 이질적이면 이질적일수록 새로운 것을 만들 수 있다. 또, 그것이 발상만으로 끝나서는 안 되며 실제로 사용할 수 있는 형태나 팔릴 수 있는 형태로 만들어진다는 의미이다.

이 둘의 정의에서 보면 창조의 프로세스에는 문제의식과 목표와 착상 그리고 창조적 발상의 유효화가 필요하며 그 바탕이 되는 것은 정보이자 지식인 것을 알 수 있다.

따라서 창조성을 넓혀가기 위해서는,

1. 문제 해결을 위해 목표를 발견해가려고 하는 의지를 높인다.

2. 착상을 하기 위해 지식을 넓힌다.

3. 실용화, 유효화하기 위한 전문 정보를 갖는다.

위의 3항목이 중요하다.

하버드대학의 머클랜드 교수의 달성 동기 이론에 의하면 조직 속에서 달성 동기가 높은 사람은 그렇게 많지 않다고 한다. 달성 동기란 '스스로 목표를 만들고, 다른 사람에게 지지 않고 목표를 달성하려고 하는 동기'를 말하는데, 특히 개인적인 놀이나 게임을 할 때 달성 동기가 매우 높고 업무를 수행할 때는 낮아진다.

또, 창조적으로 사고하는 사람은 25% 정도이고, 그 속에서 달성 동기가 높은 사람이 10% 정도라고 하는 숫자를 보면 창조적으로 부지런히 일하고 있는 사람이 얼마나 적은지 잘 알 수 있다.

창조력을 발휘하려면 달성 동기를 높이는 요소인 목표가 반드시 필요하다. 그러나 일에 익숙해지면 익숙해질수록 습관 속에 안주해버리게 되고 만다. 목표 달성을 효과적으로 이끌어낼 수 있는 질문들의 예는 다음을 참고하면 좋다.

1 목표 달성을 위해 다른 사람보다 더 나은 결과물을 생성할 수 있는가?

2 목표 달성을 위해 구성요소를 재구성하거나 재배치하려면 어떻게 해야 하겠는가?

3 목표 달성을 위한 구성요소가 어떤 것으로 대체될 수 있겠는가?

4 내세우고자 하는 명확한 아이디어는 무엇인가?

5 아이디어는 목적하는 바나 이미 존재하는 대책과 어떤 부분에서 다른가?

6 그 차별성의 정도는 어느 정도인지 구체적으로 가늠해 볼 수 있는가?

듀폰은 한때 나일론으로 떼돈을 벌었다. 1940년부터 10년간 성공 신화는 계속되었다. 그러나 군수용으로 판매되었던 나일론이 더 이상 신규 고객이 없어 심각한 위기에 처해 있었다. 이러한 문제를 해결하기 위해 질문 기법을 사용해서 새로운 제품을 만들어냈다.

"군수용 외에 민수용으로 활용할 수 없는가? 나일론을 여성의류에 사용할 수 없는가? 여성이 사용하는 것 중에 비싸서 대중화가 되지 않는 것은 없는가?"라는 질문 기법을 통해 정리된 생각이 실크 스타킹 대신에 나일론으로 스타킹을 만들어보자는 아이디어로 탄생되었다. 질문 기법을 통해 새로운 목표가 설정되어 신제품을 만들어 경영을 혁신했던 대표적인 사례이다.

질문 기법 외에도 목표의식을 높이기 위해서는 목표를 달성하고자 하는 촉진 요인을 가지도록 노력하는 것이다. 나 자신이 창조적인 삶에 촉진요인을 가지고 있는지 저해요인을 가지고 있는지를 알아보자. 다음과 같은 목표 달성 촉진 요인 설문조사에서 본인이 직접 확인할 수 있다.

[설문] 목표 달성 촉진 요인에 대한 설문지
자신이 '살아가면서 보람'을 느낀다고 생각하는 항목에 대하여 중요도 순으로 5개를 골라서 아래 빈칸에 기입하시오.

1. 일의 레벨(고도한 업무)   2. 작업 환경

3. 일의 중요성(가치)   4. 노동 시간

5. 자유재량의 여지   6. 임금 수준

7. 창조 공부(연구)의 여지   8. 복리후생 시설

9. 일의 가치   10. 일의 장래성

11. 일에 대한 취미   12. 상사의 신뢰

13. 일의 적성(좋아하는 것)   14. 상사의 개인적 배려

15. 일에 대한 자신   16. 능력 향상에 대한 상사의 배려

순위

1.

2.

3.

4.

5.

여기에서 우선 위의 [설문] 답변을 통해 목표 달성의 의욕을 만들어내는 요인이 무엇인가를 생각해보도록 하자.

이 설문은 하고 싶다는 의욕의 촉진 요인과 제동 요인 2개로 구성되어 있으나, 대부분 직장인들이 선택한 항목에는 짝수가 많이 들어 있다. 짝수 항목은 창조적으로 일하는 데 필요한 촉진 요인이 아니라 제동요인에 속한다. 홀수 항목은 '목표 달성'의 촉진 요소로 이 요인이 완비되면 목표의식과 달성 동기가 높아진다.

6번의 임금 수준을 선택한 사람도 꽤 있을 것이다. 그러나 금전욕은 2차적인 욕구로 제동 요인으로 들어가므로, 본래 임금에 대한 욕구

가 만족되지 않을 경우 촉진 요인으로 강하게 나타나지만, 어느 정도의 수준에 오르면 제동 요인이 된다.

자발적인 목표의식을 높이려면 우선 자기 힘으로 이 홀수에 있는 촉진 요인을 적극 확대해가야 한다. 예를 들면 1년에 한 번은 고도한 일에 도전해본다거나 가치 있는 일을 발견하는 것, 자신의 적성을 발휘할 수 있는 일을 찾는 것, 창의적인 공부를 할 수 있는 폭넓은 일을 하는 것, 한번 성공한 일을 다음 일로 연계해 가는 것 등이 확대의 방책이다. 최근처럼 일이 전문화, 세분화되면 자신이 선택할 수 있는 촉진 요인도 적어진다. 자기의 의지에 따라 직무를 확대하고 충실히 해갈 수 있는 가능성도 적어진다.

따라서 자발적으로 촉진 요인을 선택하여 계획적으로 실천하는 것이 중요하다. 선택한 요인이 창조적 삶에 결실을 맺게 해주고 더 나아가 직장에서 인정받는 인재로 등재되는 것이다.

자발성을 높여 창조성의 힘을 강화하자

창조성이 높은 사람의 행동 특성 중의 하나가 자발성인데, 자발성을 높이는 힌트를 찾아보자.

창조 공학의 대가인 바론은 창조성이 높은 사람의 특징으로

① 사명감, 적극성

② 열중성, 끈기

③ 판단의 독자성

④ 잘 모르는 사태에 대한 인내성

⑤ 충동적

⑥ 미적 감수성

등을 들고 있다.

우선 ①의 '사명감'은 사회에 대한 공헌, 회사에 대한 공헌을 위해 강한 의욕을 가진 사람이 강하다. 공헌심이 강한 사람들이 대부분 창조적인 사람들이 많다.

미국에서 창조적 천재라고 불리는 사람의 가정환경을 분석해 본 결과, 목사의 가정이 가장 많았다고 하는 사례를 보더라도 종교적 사명은 창조성 발휘의 배경이 된다는 것이다.

②의 '열중성, 끈기'는 무슨 일을 하든지 다른 사람보다 더 많은 흥미와 애착을 갖는 것이다. 스스로 재미있다고 생각하면서 그것에 몰두하는 사람을 말한다.

③의 '판단의 독자성'은 자신의 생각에 자신감을 갖고 주체적으로 행동하는 가운데 만들어진다.

④의 '잘 모르는 사태에 대한 인내성'이란 목표 달성 면에서 좌절하게 생겼어도 포기하지 않고, 잘 모르는 것이 있다 하더라도 그건 모른다고 깨끗이 받아들이고 강하게 의미를 부여하지 않는 특성을 말한다.

주체성이 결여된 것처럼 보이나, 좋은 해결과 발상을 추구하기 위해서는 무리하게 결론을 내지 말고 잘 모르면 모르는 상태로 두는 것이 좋다. 그렇게 하면 흥미가 지속되고 무의식 속에서도 해결을 위한 아이디어가 나오기도 하므로 성급하거나 무리한 결론을 내지 않는 것이 좋다.

⑤의 '충동적', ⑥의 '미적 감수성'도 흥미가 많은 것과 연결되는 것으로 무엇보다도 자신의 마음과 기분의 움직임에 충실한 것에 그 특징이 있다.

이 특성을 익히고 체득하면 자발성이 높아질 것이다.

창조성이 높아지면 조직의 규범이 걸림돌이 되는 경우가 많다. 모난 돌로 취급되어서 타성에 젖은 동료들의 견제나 핀잔을 받게 된다. 따라서 조직도 창조성이 높은 사람의 행동 특성을 어느 정도 인정하는 것이 필요하다. 조직 목표와 자발적인 동기에는 종종 갭이 생길 수 있다. 이러한 것을 바르게 인식하여 조직의 일원으로서 창조성을 발휘해가지 않으면 안 된다. 그 갭이나 모순을 최대한 통합하고 벡터를 맞추어 가는 것이 개개인이 해야 할 가장 큰 과제이기도 하다.

자발성을 높여서 창조력을 키웠다면 다음은 일 속에서 적극적으로 목표와 목표 해결점을 발견하는 것이 필요하다. 그렇다면 과제 발견은 어떠한 프로세스로 자신에게 자각되는 것일까.

한 기술자가 기저귀 건조기를 개발하려고 생각했다. 이 과제는 기술자가 돌연 생각해낸 것이 아니다. 세탁물 속에 기저귀가 많다는 것에 주목하고 그 문제 속에서 과제를 발견해 낸 것 외에는 없다. 불만이나 결점 속에서도 문제점을 발견할 수 있지만, 이렇게 하면 더 좋을 것 같다는 기대 속에서도 과제를 발견할 수 있다. 기대치를 생각하면 현실의 상태와 기대하는 상태와의 갭을 알게 되어 문제를 쉽게 발견할 수 있다.

그러면 문제란 도대체 무엇일까? 평소 아무 생각 없이 사용하던 언어의 의미를 추구해보면 과제 발견을 쉽게 할 수 있다. 우리가 일상에서 매일 하는 일은 문제 해결의 연속이며, 항상 문제에 직면해 있다.

과제를 정의한다면

1. 조직이나 당사자가 해결하지 않으면 안 되는 것

2. 목표 달성에 장애가 되는 것

3. 정해진 기준에서 벗어나 있는 것 등

쉽게 과제를 발견하려면 조직 목표를 달성하기 위한 장애 요인을 떠올려보는 것이 좋다. 예를 들면 매년 수출이 50% 이상이나 늘고 있는 회사에서는 어학과 국제 감각에 뛰어난 글로벌 인재의 양성이 과제가 된다.

다품종 소량 생산이 급격하게 추진되고 있는 기업에서는 부품의 관리나 표준화가 반드시 해결해야 할 과제이다. 이처럼 기업이나 조직이 움직이는 방향으로 눈을 돌리고, 어떤 장애 요인이 발생할 것인지를 생각해보면 반드시 문제 속에서 과제가 발견되기 마련이다.

그리고 큰 문제가 아니라고 하더라도 발전해가는 IT를 활용해서 결재의 전산화와 장표의 전산화, 구매 업무의 효율화 등의 과제를 발견해 낼 수도 있다.

고객 만족이라고 하는 문제의식이 있으면 고객 응대나 서비스 방법에 개선 목표가 보이게 된다. 시간에 대한 문제의식이 있으면 업무의 진행 방법이나 회의 효율화의 문제도 보이게 된다.

문제의식이 있는 사람은 매사에 취미나 관심이 많다. 그뿐만 아니라 무엇이든 보는 기준과 현상에 대하여 기대치와의 큰 차이를 발견할 수 있다. 극단의 경우에는 평소 이상이라고 하는 기준에서 일을 응시하는 사람은 모든 것이 '문제'라고 느낄 것이다.

평소 현재 상태에 대해 건설적 불만을 가져라. 이와 동시에 이상적 희망 상태라고 하는 큰 기준을 갖고 현상을 응시하는 것이 문제의 발견, 과제 발견의 지름길인 것이다.

문제의식을 갖는 것과 동시에 중요한 것으로 문제에 대한 재정의가 필요하다. 문제가 확인되었다고 해도 과제로 갖고 가는 것이 어렵다. 문제 자체도 애매하고 진짜 문제가 숨겨져 있는 경우도 있기 때문이다.

예를 들면 상품의 재고가 늘어 창고의 공간이 필요하게 되었다. 이 문제에서 '창고의 공간을 넓힌다'라고 하는 과제를 설정한다고 한다면 단순한 현상적 문제를 목표로 했을 뿐 창조적인 과제라고는 할 수 없을 것이다. 이것을 '상품의 재고를 줄이는 방법을 연구하고, 재고 회전율을 높이는 과제'로 했을 경우에는 창조적 과제가 되며 과제를 근원적으로 해결하게 된다.

또 개발 담당자가 소비자의 요구를 힌트로 삼아 기능을 하나 추가하여 상품을 개발했다고 해도 창조적이라고는 할 수 없다. 새로운 기능을 추가하는데 전체의 부품 수를 늘리지 않고 기능을 추가할 수 없는지를 생각했을 때 창조적이고 발전적인 목표가 된다. 이와 같이 문제

의 재정의를 통해서도 보다 발전적인 과제를 발견할 수 있으므로 문제
에 대한 제대로 된 인식이 무엇보다도 필요하겠다.

이질적인 정보를 폭넓게 수집하자

창조 활동의 효과를 높이고 성과를 올리기 위한 요인 중의 하나가
정보 수집이다. 창조는 이질적인 정보들에서 나오는 것이기 때문에
정보의 양과 질에 따라 창조의 성과가 다르게 접목되어 나온다고 말
해도 과언이 아니다.

그렇다면 정보의 정의는 무엇일까? 지식의 정의와 어디가 다른 것
일까? 정보란 알려진 것이며, 지식은 알고 있는 상태이므로, 정보는
사람과 사람 사이에 전달되는 데이터를 가리킨다. 지식은 정보를 자
신의 것으로 소화된 것이라고 할 수 있다.

단, 중요한 것은 단순히 알리는 것만으로는 정보가 되는 것이 아니
다. 그것이 사람의 의사결정이나 발상으로 어떠한 영향을 줄 때 처음
으로 정보가 된다는 점이다.

과제 해결을 위해 필요한 정보를 수집하고 관리하며 외부 정보를
입수하는 방법에 대해서 4가지로 요약해 보았다.

첫째, 일반 정보와 전문 정보의 수집 폭을 넓혀라.

창조의 프로세스는 과제 → 착상 → 발상 → 유효화이므로 중대한
과제를 발견하거나 힌트를 얻기 위해서는 폭넓은 일반 정보가 필요하
다. 이 정보는 꼭 서적이나 문헌자료에 의해 얻어지는 것이 아니다. 직

접 발로 뛰면서 온갖 정보를 직접 귀로 듣는 것이 좋다. 또 발상을 진화시키고 유효화하기 위한 전문적 정보가 빠져서는 안 된다. 최근에는 전문 분야가 세분화가 되고 기술도 고도화해 감에 따라 점점 전문적 정보가 필요하게 되었다.

창조성이 결여되어 있다는 지적은 스스로 발상하지 않고 다른 사람의 발상을 바로 수정하여 유효화 해버리는 것에 있다고 할 수 있다. 보다 더 심화된 아이디어를 내지 못하는 것은 결국 발상의 기본인 폭넓은 정보가 부족하기 때문이다.

최근에는 T자형 인재를 중시하고 있다. 횡단의 폭넓은 기본 지식과 종단의 심화 지식을 가진 사람이 T자형 인재이다. T자형 인재는 창조적 발상을 위한 과제 발견력과 정보 수집력을 동시에 가지고 있으므로 문제를 발견하고 해결하는 속도가 빠르다. 전문적 지식에 대한 심화도 중요하지만, 심화된 지식을 꽃피게 하는 것이 정보이므로 창조성을 높이고 인재를 개발하는데 정보 수집이 매우 중요하다고 할 수 있다.

KJ법을 창안한 동경공대의 가와키타 지로 교수는

① 관련된 정보

② 관계가 있을 법한 모든 정보

③ 전혀 관계없을 듯하나 뭔가 될 것 같은 정보

다음 정보를 모두 모으라고 지적하고 있다.

주어진 과제의 처리나 문제 해결을 입증하기 위해서라면 필요한 정보만으로 족하다. 그러나 문제나 목표를 발견하거나 힌트를 파악해 나가기 위해 전혀 관련이 없는 정보까지 수집해야 한다.

지나고 나면 그 정보를 보관해 두었더라면 좋았을 텐데 하고 후회하는 경우가 종종 있다. 이와 같이 그 시점에서 도움이 되지 않는다 하더라도 나중에 도움이 되는 정보가 반드시 있게 마련이다. 단, 전혀 관련 없는 정보까지 모으려면 양이 산더미처럼 많아지므로 정리 방법이 매우 중요해진다.

컴퓨터나 아이디어 카드에 정보를 기록하는 것은 외우기 위함이 아니라 잊어버리기 위함이다. 사고의 한계를 초과한 것은 기록해 두고 검색하기 쉽도록 정리한다. 머리를 말끔히 해두는 것은 창조적인 활동을 위한 좋은 방법 중의 하나이다.

셋째, 머리에 있는 정보를 효과적으로 끌어내는 방법을 연구하라.

머릿속에 있는 내부 정보는 상상할 수 없을 정도로 많다. 들었거나 경험했거나 수집한 정보는 우선 머릿속에 저장되기 때문에 그 양은 이루 말할 수 없을 정도로 많다. 따라서 이 가치 있는 막대한 정보를 사용하는 방법은 3가지가 있다.

① 논리적으로 생각하여 떠올린다.

② 이미지를 떠올린다.

③ 기존의 개념과 관련지어 떠올린다.

우선 ①은 원리 원칙에 입각해서 구체적으로 생각하는 것이다. 이러한 논리적 사고는 지식을 내부에서 끌어내거나 종합해가는 데에 도움이 된다.

②는 이미지로 생각하는 것인데 잠재의식 속에 있는 막대한 이미지 정보를 끌어내면 문제 해결에 도움이 된다. 이미지로 생각한다는 것은 그림으로 표현하면서 생각하는 것을 말한다.

③은 ②와 ①을 결합해보는 것으로 막대한 이미지 정보를 언어라고 하는 키워드에 따라 표출해내는 방법이다. 예를 들면 자동차의 자동 개폐 장치를 개발하기 위해 '열 수 있다'라고 하는 키워드로 이미지 정보를 끌어내보는 방법이다.

이러한 외부 정보와 내부 정보를 다면적으로 수집하여 정보를 정리한다. 기계적으로 강제적으로 또는 연상에 따라 조합하기 위해서는 새로운 발상법들을 잘 활용하는 것도 좋은 방법이다.

넷째, 인맥을 활용하여 모르면 물어보아라.

정보를 효과적으로 수집하기 위해서는 정보원이나 루트가 굉장히 중요하다. 하지만 인간이 처리할 수 있는 정보의 양을 생각하면 저절로 한정된다.

일반적으로 정보원이라고 한다면 자신의 일과 관련이 있는 책, 신문, 잡지, 업계지, 사내지, 업계 단체의 조사 정보 등이나 다른 하나 중요한 정보원으로 '사람'이라고 하는 것을 잊어서는 안 된다. 예를 들면 대학생이 취직 정보를 수집하려고 할 경우 상장회사라면 회사 연감, 사계절 정보지, 경제 잡지, 유가증권 보고서 등을 조사하면 회사에 대한 내용들은 알 수 있다. 그러나 회사의 분위기나, 문화, 인간관계 등에 대해서는 쓰여 있지 않으므로 좀처럼 판단하기가 어렵다.

하지만 그 회사에 아는 선배가 있을 경우, 손쉽게 정보를 알 수 있다. 비공식적이라고 해도 가치 있는 정보는 매우 많으므로 의사결정에 큰 영향을 주게 된다.

따라서 사람이라고 하는 정보원에게 얻을 수 있는 정보의 가치에 대해 재인식해 볼 필요가 있다. 사람에게는 정보가 있을 뿐만 아니라, 그 사람만의 독특한 정보 루트가 있다. 일반적인 정보원에서 공식상의 정보를 얻는 것도 중요하나 정보인맥의 루트를 확대하고 비공식 정보를 확대해가는 것도 창조성을 넓히기 위해 중요하다.

인기 있는 신문기자에게 "당신의 신문 기사는 무슨 정보를 바탕으로 쓰는가?"라고 묻자 "라이벌 신문의 기사, 지금까지의 신문 기사와 그리고 인맥뿐"이란 대답이 나왔다. 신문기자라면 많은 정보를 알고 있을 것이라 생각했지만 전혀 예측하지 못한 대답이었다.

또 "기사를 쓸 때 모르는 것이 있으면 그것을 알 만한 사람에게 전화해서 물어보는 것이 가장 중요하다. 신문기자의 생명이란 많은 정보를 갖고 있는 인맥을 확보하고 있는가"에 따라 달려있다고 언급했다.

인맥을 통한 정보는 기존 정보와는 다른 면이 있고 놀람, 의외성, 중요함, 신선함이라고 하는 내용이 튀어나올 때가 많다. 그러므로 인맥은 정보의 보물 창고이다.

참된 의미에서 '발이 넓다'는 것은 단순히 아는 차원을 벗어나 필요할 때 문제 해결을 위해 어떤 형태로든 도움이 되는 정보를 제공한다는 것이다. 언제라도 생활과 업무에 도움이 될 수 있는 정보를 받을 수 있는 인맥이 아니라면 명함 수집에 불과할 뿐이다.

비록 소수일지라도 자신을 도와줄 정보의 인맥을 갖는 것이 중요하다. 또한 인맥을 갖기 위해서는 정보를 상대방에게 줄 수 있어야 한다. 먼저 주지 않고는 자신이 필요할 때 받을 수 없다. 따라서 지속적으로 필요한 정보를 발굴하여 상대방이 요청하지 않아도 먼저 보내준다. 이런 배려 속에서 자신이 필요할 때 원하는 정보를 쉽게 얻을 수 있다.

02
이것이
진짜 회의다

그동안 선진 기업들의 제품을 모방만 해도 먹고살 수 있었다. 가능한 정보 수집에 최선을 다하여 남보다 빨리 선진 기술을 입수하여 상품화하는데 힘을 집중해왔다. 그러나 이러한 모방 경영은 글로벌 초일류 기업이 되는 길의 저해 요인이 되었다. 기반 기술 없이 조립, 생산 기술만 가지고는 이제 중국 기업에 당할 수 없다. 또한 선발 기업이 이미 시장을 장악하고 있기 때문에 시장 확대도 어렵고 부가가치도 낼 수 없다.

성장성 있는 제품이 출시되면 너도나도 모방하여 시장에 나온다. 그래서 보다 더 독창성을 드러내지 못하면 시장에 출시하기도 전에 제품의 수명이 다 하기도 한다. 기술의 차이가 클 때에는 경계심 없이 기술 지원에 대한 계약이 되었지만, 이제는 돈이 있어도 기술을 도입하기도 어려운 시대가 되었다.

세계 1등이 되고 나면 새로운 길을 찾아 나서지 않으면 안 된다. 더 이상 돌아갈 수도 없다. 자사 나름의 문화와 기술을 개발하여 독자의 길을 만들어 장기적으로 먹고살 수 있는 기술이나 제품이 필요한 것이다. 모방은 안이한 경영이고 영원히 이류에서 벗어날 수 없는 경영이다.

창조적 혁신 경영은 혁신을 통해서 부가가치를 증대시키고 새로운 기술이나 제품을 만드는 것이다. 기업에서 창조력을 과학적 입장에서 세계 최초로 교육시킨 회사는 GE이다. 엔지니어를 위한 코스를 만들어서 주로 기술자를 교육시켰는데, 그 성과는 이수한 사람과 그렇지 않은 사람과의 특허 등록 건수가 3배나 차이가 났다.

그 후 오즈번의 브레인스토밍 기법이 발표되었다. 그동안 기술자나 연구소 직원중심의 교육이 일반 직원들에게도 창조적 발상에 대한 교육을 확대하였다. 이러한 기법이 전해져 KJ법과 NM법 등이 개발되었으며 최근에는 러시아에서 개발된 TRIZ법이 많이 활용되고 있다.

지금까지는 창조력 문제를 젊은 사원에게 수법을 익히도록 하면 된다는 정도로 기업 경영에서 가볍게 취급해 온 것은 사실이다. 그러나 이제는 창조가 단순한 수법 문제가 아니라 기업의 생존을 좌우하는 경영의 문제이다. 창조를 경영의 과제로 취급하지 않으면 격심한 경쟁에서 살아남는 방법이 없다.

우리나라는 경제개발 계획의 실천으로 '한강의 기적'을 이루고 세계에서 유례없는 높은 성장을 이룩하는 등, 그간 한국인들과 한국 기업들은 '창조'라는 측면에서 탁월한 능력을 보여왔다. 창조력은 아이디어 창출과 신상품 개발을 통해 삶의 질을 향상시킬 뿐 아니라 국부를 늘리고 국가 브랜드를 높이는 효과가 있다. 지식과 기술의 활용과 확산을 통해 산업을 활성화하고 고용 확대와 성장률의 제고에 기여함은 물론이다. 무자원국인 우리에게 창조력이 절실함은 바로 이 때문이다.

창조적 회의 진행으로 성과를 높여라

조직에서 몸담고 있는 이상 회의는 없을 수 없다. 회의는 창조와 혁신의 장이기도 하다. 계발의 장, 정보 교환의 장이 되지 않으면 안 되나 대부분 단순히 업무 처리를 위한 지시, 명령이나 의견 청취의 장이 되고 있다. 회의는 정보를 수집하거나 자신의 생각을 검증받거나 착상이나 발상을 얻는 모든 것을 총 집합한 장이다.

따라서 참가하는 데 있어 보다 창조성을 발휘하고 또 새로운 것으로 이끌어 가려는 태도로 임하는 것이 중요하다. 새로운 것을 창출해 가려고 하는 분위기가 높아지면 참가하는 사람의 창조성도 자극받게 된다.

특히 회의를 주관하는 사람은 리더십이 필요하고 효율적인 회의를 이끌어 가도록 노력해야 한다. 따라서 사회자의 입장이라면 자신을 위해서가 아니라 참가자 전원을 위해서도 새로운 것을 이끌어내려고 하는 분위기를 만들어 가야 한다.

리더십은 권위나 통솔에 의해 움직이는 것이라고 생각되나 그것은 리더십의 일면에 지나지 않는다. 리더십이 발휘되는 것은 새로운 것을 끌어내려고 하는 쪽이기 때문에 멤버들에게 그 방향을 제시해준다. 이뿐만 아니라 리더 스스로도 솔선수범하여 목표를 설정하고 아이디어를 내려는 마음가짐이 중요하다.

창조적인 회의가 되기 위해서는 아래와 같은 내용들이 실천되어야 한다.

1. 회의의 목적을 정확하게 파악한다.

회의에는 반드시 목적이 있기 때문에 그것을 정확하게 파악하지 않으면 의견이 분분해진다. 또 전원의 문제의식을 높이거나 집중력을 높이기 위해서도 목적의식은 중요하다.

목적과 테마를 명확하게 제시하고 참가자가 그 방향을 향해 자유롭게 토의하는 것이 중요하다. 단, 회의에는 문제 해결이나 발상 이외에 정보 전달이나 의사결정 회의도 있으므로 회의의 성질에 따라 방법을 연구해보자.

2. 코디네이터라면 회의 중심이 되는 것이 아니라 정리하는 역할, 가이드 역할에 충실해야 한다.

참가자의 창조성을 자극해야 하므로 보다 발전적으로, 상승효과를 내도록 리드해 갈 필요가 있다. 또 사회자는 진행에 관해서도 책임을 져야 하므로 다음 사항에도 고려할 필요가 있다.

목표를 잃지 말고 시간 내에 결론을 도출해낸다. 논의는 순서에 입각하여 진행하고, 비판가를 배제한다. 탈선을 원점으로 되돌리고, 전원의 발언을 촉진시킨다.

3. 온화하면서도 엄격한 양면성을 취한다.

사회자의 태도는 회의에 크게 영향을 준다. 항상 공평하게 해야 하며 참가자에게 심리적 자유를 주는 따뜻함이 있어야 한다. 토의가 생산적으로 진행되는 만큼 개인적 감정의 대립이 일어날 가능성도 있다. 이 때문에 그것을 우선 방지하는 자세와 일부의 압력에 굴하지 않는 강한 인내력도 빠져서는 안 된다.

4. 상황을 정확하게 파악한다.

회의는 살아있는 것이다. 어느 순간 창조적인 의견이 나올지 잘 모르기 때문에 발언이나 토의의 움직임에 민감해야 한다. 또 건설적인 의견은 타이밍을 잘 살려 구체적으로 전개시켜 나가는 것도 매우 중요하다. 상황의 변화에 민감하게 회의에 임하고, 사회자 자신의 창조적 직관력을 높여야 한다.

5. 회의 운영 기술을 습득하고 몸에 익힌다.

사회자가 순서대로 진행하려고 해도 회의는 생각하지 않는 방향으로 갈 경우가 있기 때문에 장면전환 등의 기술도 필요하다.

회의 운영 기술 1 순조롭지 않고 의견이 분분한 경우 다음으로 미룬다. 회의 중에 비판을 위한 비판이 들어오면 창조적이지 않게 된다. 개인적인 비판 등으로 회의의 흐름이 끊기는 논의는 나중에 다시 하는 것으로 한다.

회의 운영 기술 2 결과 도출에 대해 급하게 논의하지 않는다. 회의 시작에 제안이나 의견의 좋고 나쁨이나 찬성, 반대를 서둘러서 진행하면 내용은 발전적일 수 없다. 회의의 전반은 의견이나 정보만을 내도록 한다.

회의 운영 기술 3 사회자의 의견이나 아이디어는 강하게 내지 않는다. 참고 의견 정도가 좋다. 단 참가자의 의견이나 아이디어를 잘 듣고 자신 나름대로 발상해 보는 것은 중요하다.

회의 운영 기술 4 적당한 유머는 회의 진행에 윤활유 같은 역할을 한다. 회의에서는 머리를 식히거나 심호흡, 기분 전환도 필요하다. 참가자 사고의 움직임, 피로, 신경과민 등 민감하게 체크하면서 적당한 타이밍에 맞는 유머를 내는 것도 좋다.

직원들이 회의에 참가하는 기회도 의외로 많다. 쓸데없고 비생산적이라는 생각으로 임한다면 얻는 것도 적을 것이다. 다른 참가자로부터 정보나 힌트를 얻을 가능성도 크기 때문에 자신을 위해서라고 생각하고 회의에 임하는 것이 제일 중요하다.

회의 전체가 창조적으로 된다면 재미있고 유익한 정보도 많이 얻어갈 수 있다. 회의는 창조성을 발휘하고 높이는 장이라는 기분으로 임해야 한다.

회의에 참가하는 멤버가 해야 할 일을 요약하면 아래와 같다.

1. 건설적이고 긍정적인 발언을 한다.

타인의 의견을 부정적으로 듣는다면 결국 판단이나 비판이 나올 수밖에 없다. 타인의 의견을 긍정적으로 받아들임과 동시에 발언에 있어서도 평소 건설적, 긍정적으로 발언을 하는 쪽으로 마음을 두면 창조성이 높아진다.

2. 구체적인 발언을 한다.

추상적으로 논의를 하면 그럴싸한 이야기가 나와 회의가 잘 진행되는 듯 착각할 수 있다. 그러나 신중하게 검토를 해보면 발전적이고 창조적인 아이디어가 결여되어 있다는 것을 발견할 수 있다. 내용을 보다 밀도 높은 것으로 만들기 위해서는 구체적인 사상에 입각한 논의로 진행해야 한다.

3. 결론을 먼저 설명한다.

상황이나 배경을 먼저 설명하면 결론이 뭔지 잘 모르기 때문에 흘려들을 수 있는 위험이 있다. 상황이나 배경 설명이 길면 더욱 그러하다. 우선 앞서서 결론을 이야기하고, 그 후에 상황이나 배경을 설명하는 것이 좋다.

4. 사실인지 주장인지를 명확하게 한다.

발언에는 체험한 것이나 쓰여 있는 것을 사실로 전하는 경우와 생각이나 아이디어를 주장하는 경우의 2가지가 있다. 이것을 명확하게 구별하여 발언하지 않으면 잘못 이해할 위험성이 있다.

자신의 주장인 경우는 "저의 생각입니다만……"이라고 사전에 짚어두는 것이 바람직하다.

5. 타인의 의견을 적극적으로 경청한다.

회의에서는 누구든지 발언자가 되고 싶어 하나 타인의 발언 중에도 발상을 할 수 있다. 잘 경청하는 것은 자신의 의견을 종합하거나 발상하는 것에도 도움을 준다.

6. 순간적으로 떠오르는 발언은 머릿속에서 신중히 생각한다.

논의에 한창 빠져있을 때에는 연상되는 의견, 순간적인 발언이 많아진다. 순간 발상이 도움이 되는 것이라면 좋겠지만 의제 탈선의 기초가 되는 위험도 있다. 순간적으로 떠오른 것이라면 머릿속에서 신중하게 생각한 후에 발언한다.

7. 소수 의견이라도 당당하게 발언한다.

소수 의견자의 발의는 자칫 내용이 나쁜 것처럼 생각하는 경우가 있다. 그러나 도움이 되는 힌트는 의외로 소수 의견 중에 많이 있다. 소수 의견이더라도 주눅 들지 말고 적극적으로 발언하도록 해야 한다.

회의의 진행 방법에 따라서도 회의를 창조적으로 할 수 있다. 사회자만이 책임을 지는 것이 아니라 참가자도 적극적으로 그 회의법에 동참하여 협력해가는 것이 바람직하다. 회의를 창조적으로 하기 위해서 토의 조건을 넣거나, 진행 방법의 순서를 명확하게 하거나, 타임체크 등을 이용하기도 한다.

1. BS 회의

브레인 스토밍Brainstorming, 이하 BS로 칭함에 의한 회의이나 단순한 BS가 아니라 BS의 장점만 살리는 방법을 말한다. BS에서는 4가지 규칙을 지키는 것이 중요하나, 특히 ①번을 강조하여 진행하는 것이 이 회의법의 포인트이다. 이것을 강조하면 비판적인 의견이나 개인 플레이가 적어 분위기도 바뀌기 때문이다. 단 주의해야 하는 것은 자유분방을 너무 강조하지 않아야 한다는 점이다.

BS 회의의 4가지 원칙

① 좋고 나쁨의 판단을 금지하라.

② 자유분방을 환영한다.

③ 양률을 추구하라.

④ 타인의 아이디어에 편성해서 참가하라.

2. 역 BS 회의

이는 GE의 자회사에서 생각한 역 브레인스토밍을 회의에 적용한 것으로 역 BS회의라고 부른다. 이 회의에서는 비판 엄금의 조건이 없기 때문에 반대로 비판을 하도록 권한다. 단, 이 비판은 건설적 비판이지 않으면 안 된다.

보통 완성된 시스템이나 제품의 검토를 하는 회의 등에 적용된다.

① 건설적 비판을 환영한다.

② 아이디어를 무시하지 않고 활용하려는 노력을 하라.

③ 아이디어는 모두의 것이라는 생각을 가져라.

④ 구체적이고, 발전적으로 아이디어를 내라.

3. 2스텝 회의

회의의 흐름이나 사고 단계를 분석해보면 크게 두 단락으로 되어 있다. 그것을 회의에 이용해 보는 것이 2스텝 회의이다. 예를 들면 토의를 개인 사고 부분과 집단 토의의 부분으로 나눈다거나, 발언과 평가, 문제점의 추출과 대책 검토, 정보 수집과 선택으로 나누어 진행해 가는 것이 이 방법이다.

BS를 생각한 오즈번도 창조력과 판단력을 명확하게 나누는 'Go Stop법'을 창안하여 2스텝 회의의 방법을 제안하였다. 이 2스텝법으로 회의를 진행하면 문제점이나 의견이 확산되지 않으며 탈선도 적어진다.

4. 서클 회의

이것은 비교적 적은 수의 회의에서 적용하는 방법이다. 참가자가 서클이 되어 각자의 발언을 카드에 기입해 나가기 때문에 발언이 새나갈 염려도 없으며 전원 참가가 가능하다는 이점이 있다. 또 참가자 전원이 리더이며 멤버인 동시에 기록자라는 점도 보통 회의와 다르다.

회의의 진행 방법은 간단하다. 예를 들어 6명이 1시간의 회의를 했을 경우, 10분씩 각자가 발언을 기록하고, 50분은 토의에 들어간다. 최초에는 임의의 사회자를 정하여 진행하나 이후부터는 서로 돌아가며 리더 역을 하게 된다. 서클 회의는 어디까지나 토의의 활성화 기법이므로 결론을 내는 단계가 없다. 따라서 결론까지 구할 경우에는 2스텝 회의와 병행하여 진행해야 한다.

상상오션의 힘

웅진코웨이는 실적도 좋고 재무 상태도 좋았으나 그룹사의 부채로 다른 회사에 팔려서 '코웨이'로 사명이 변경되었다. 1980년대 비싼 가전제품이었던 정수기를 어떻게 많이 팔 수 있을까 고민하다가 대여해주는 방법을 개발했다. 150만 원을 지불해야 살 수 있는 정수기를 월 3만 원에 빌려 주는 새로운 발상을 하여 경영 위기를 슬기롭게 극복하게 하는 계기가 되었다.

신바람 나는 직장을 만들기 위해서는 자기 실현의 욕구를 충족시켜야 한다는 사실을 알고 그 욕구를 충족시키는 좋은 수단이 제안제도라는 것을 인식하였다. 제안제도는 직원들의 아이디어를 통해 기업과 개인의 발전을 동시에 도모하는 좋은 취지에서 시작되었다. 하지만 잘 활성화가 되지 않고 회사에서 정책적으로 건수만 강조하니까 어쩔 수 없이 한다는 의견이 대다수였다.

그래서 제안하는 것을 놀이처럼 하기 위해 제안하는 절차나 방식을 재미있게 하는 제도로 바꾸는 아이디어를 냈다. 상상의 바다라는 의미로 '상상오션'이라고 이름을 짓고 제안에 참가율을 높이기 위해서 인터넷 고스톱에서 하는 등급 상승제도를 도입하였다.

회사에 아이디어를 내는 직원들에게는 가상의 새우를 포인트로 주므로 새우와 고래를 잡는 일에 여념이 없다. 새우 1만 마리는 고래 한 마리로 교환이 되고, 고래 한 마리를 타면 외국 연수 기회를 준다. 제안을 내면 1건의 제안에 최소 5마리의 새우 마일리지를 준다.

제안 등급에 따라 새우를 주고 새우의 수에 따라 선원에서부터 함장으로 구분하여 등급화했다. 말단 사원이라고 해도 상상오션에서 마일리지가 많으면 함장이 될 수도 있다. 최고위급인 선장은 사내 중요한 의사결정에 참여하는 위상을 갖는다.

매월 상상왕을 선발하며 상상왕에게 지급하는 것은 최고급 의자다. 다른 직원들이 의자만 봐도 저 동료가 상상왕임을 알 수 있게 해주었더니 관심도가 달라졌다.

또 자신의 제안이 심사되고 있는 진행 과정이 보이지 않아서 답답한 점이 있었다. 그런데 상상오션에서는 자신의 제안을 누가 심사하면 좋은지를 정할 수 있다. 동료가 심사할 수도 있고 진행사항도 알 수 있다. 심사를 한 직원도 소정의 새우를 받는다.

브레인스토밍에서 강조하는 타인의 아이디어에 편승하라는 점도 상상오션 시스템에 반영하였다. 등록된 아이디어에 더 나은 발상이 있을 때 댓글을 달게 하자, 댓글이 꼬리에 꼬리를 무는 제안으로 발전하였다.

한 번 제안하면 끝이 아니라 제안 심사자의 피드백을 반영하여 이를 수정해 다시 제안할 수 있다. 따라서 본인의 아이디어의 문제점에 대해서도 잘 알 수 있다.

아이디어에 제안뿐 아니라 자신의 업무에 대하여 모르는 것도 물을 수 있다. 고객 서비스에 고민하는 점을 올려놓으면 여러 사람이 자신의 경험과 지식을 올리므로 아이디어를 신속하게 공유할 수 있다.

제안제도가 성공하기 위해서는 즐겁게 제안하고, 제안이 자신에게 도움을 주는 조직 문화로 정착되는 것이 가장 중요하다. 등급과 공유와 경쟁의 요소를 시스템에 반영하였으며 새우는 돈이므로 마일리지를 좋은 일에 기부할 수 있게 하였다.

초기에는 참여도가 미미했지만 지금은 약 100%에 이른다. 이는 상상오션이 쉽게 접근할 수 있도록 해놓았고, 재미있게 일을 하면서도 공유하고 경쟁하고 등급이 올라가는 즐거움을 더하는 시스템이기 때문이다.

　미국의 피터 드러커 교수는 몸과 힘으로 하던 노동력 중심에서 지식 근로자로 급속히 이동하고 있고, 지식 근로자에서 창조 근로자로 이동하고 있다고 했다. 이러한 창조 근로자는 미래 사회의 지배적 노동력이며 새로운 형태의 자본가 집단이라고 했다. 옛날에는 소작이 농사를 지었지만 21세기에는 창조 소작인이 생긴다고 한다. 창조 소작인은 아이디어를 내고 기계나 컴퓨터가 할 수 없는 생각하는 힘으로 새로운 것을 창조해낸다.

　무선으로 통화하며, 들고 다니는 TV로 드라마를 시청할 수 있으면 좋겠다는 욕구가 현실화 되었다. 이제는 휴대전화로 TV 시청은 물론이고 길 안내도 척척 해내는 기능을 가진 제품이 등장하였다.

　타자기의 속도와 자판의 모양, 재질을 개선하려고 연구원들이 노력하고 있을 때 PC라는 새로운 제품이 등장하였다. PC에는 타자기가

하지 못하는 저장, 수정, 확대, 컬러 등 새로운 기능이 추가되었다. 모든 면에서 몇 배나 나은 기능을 수행하자 타자기는 박물관행이 되었다. 또 플로피 디스켓의 저장 능력 개선과 코스트 다운에 온 힘을 쏟고 있는 동안 USB라는 저장 장치가 나타나서 새로운 경쟁자가 되었다.

하룻밤만 자면 기존의 제품이 사라져야 하는 일들이 많이 일어나고 있다. 변화의 속도가 빛의 속도만큼 빠르다고 했지만 빌 게이츠는 생각의 속도가 제일 빠르다고 했다. 일본 신칸센고속 철도에는 도착시간의 빠르기에 따라 이름을 붙였는데 제일 빠른 고속 열차는 노조미のぞみ 즉 희망, 소망, 소원이라는 뜻의 열차이고, 그 다음으로 빠른 열차는 히카리光 즉 빛이라는 열차이다.

세상이 빛보다 빠른 생각의 속도로 바뀌고 있는 것이다. 이와 같이 빠르게 변하는 산업 환경에서 변화의 동력을 경영자에게만 의존할 수는 없다. 하부에서부터 조직의 모든 구성원들이 적극적으로 변화의 앞에 서야 한다. 그렇지 않으면 변화의 거센 파도를 감당하기가 힘들기 때문이다.

구성원 모두의 아이디어를 모으고 살려서 변화의 물꼬를 스스로 잡아나가는 의지와 실천이 중요하다. 특히 개인의 아이디어가 경영 목표 달성을 위한 자원으로 활용되도록 제안제도의 활성화는 매우 중요하다. 그러나 개인의 제안은 한계가 있고 큰 테마나 회사의 미래 과제는 다루기 힘들므로, 궁극적으로는 팀 활동에 의한 개선 활동도 정착시켜야 한다.

팀 활동은 멤버 간의 인간관계나 커뮤니케이션이 좋아지기 때문에 의욕도 올라가고 문제 해결도 높아진다. 한편으로는 팀워크가 없으면 그냥 팀 활동으로 끝나기도 한다.

또 집단 규범은 전원의 행동을 좌우하는 기능을 갖고 있으나 그것이 너무 강하면 보수적이고 소극적인 행동을 만들게된다. 그렇게 되면 표면상은 사이가 좋은 것처럼 보이지만, 마음속으로는 그저 시키는 대로 하면 될 뿐이라는 의식이 만연해지기도 한다.

팀은 평상시에 창조적으로 활동하지 않으면 안 된다. 따라서 리더와 멤버가 적극적으로 팀 활동에 협력하여 창조적인 호흡을 만들어 내도록 마음을 쓰지 않으면 안 된다.

1. 올바른 프로젝트를 선택한다.

팀 멤버가 창조적이어도 테마가 적절하지 않으면 팀 활동이 원활하게 전개되지 않는다. 예를 들면 아무리 노력을 기울여도 달성할 수 없는 과제나 과거에 실패했던 과제, 특정의 전문가만 할 수 있는 과제, 계획에서 실시까지의 세세한 프로세스가 정해져 있는 과제 등은 창조성이 자극되는 과제라고는 할 수 없다. 회사에서나 팀 내에서 철저하게 테마에 대한 현상 파악을 하고 아웃풋 이미지를 공유화한 후에 프로젝트 활동에 들어가야 한다.

2. 팀 멤버 선정을 신중히 한다.

팀의 성과는 멤버의 능력과 상호가 주는 영향력에 의하는 경우가 많다. 팀에는 창조적인 사람이 1~2명만 있어도 창조적으로 바뀔 수 있으며 활발하게 활동할 수 있다. 멤버의 선정에 있어서는 성격이나 협조성을 토대로 생각해야 하나, 선정 포인트는 창조적인지 아닌지에 있다. 비판만 하는 사람은 팀 활동에서는 마이너스가 된다.

단, 매우 창조적인 사람들로만 팀을 편성한다면 팀의 규율을 어기는 위험 요소도 있기 때문에 팀을 정리해서 이끌어 나갈 수 있는 리더십이 있는 사람도 고려해야 한다.

그리고 호기심 많은 사람이 편성되면 좋다. 프로젝트 활동 중에서도 멤버들의 호기심을 자극하기 위한 활동으로는 지하철이나 버스 등 대중교통 수단으로 출퇴근하기, 메모를 일상화하기, 전문 잡지를 정기 구독하기, 취미 동호회 참석 등이 있다.

그리고 유행하는 것을 내가 알고 있는지를 확인하는 방법도 권장된다. 자동차, 가전제품, 화장품, 청바지, 아파트, 청량음료, 음악, 연극, 영화, 연예인 등을 쭉 써놓는다. 각각의 아이템별로 유행하고 있는 것을 자신이 알고 있는지 확인해보면 고객의 니즈의 유형을 확인할 수 있다. 그리고 일상 생활 속에서 '왜'라고 끊임없이 묻는 것도 좋은 생활 습관이다. '우리나라에서 초고속 정보통신이 발달한 이유는 뭘까?' '테이크아웃 커피점이 여전히 인기를 끄는 이유는 뭘까?' '인간은 왜 험담을 하고 싶어할까?' '무서운 걸 싫어하면서 왜 공포영화를 찾는 걸까?' 등 단순한 호기심이 새로운 문제를 해결하는 실마리를 제공한다.

3. 상호 작용을 활발하게 한다.

폭발적인 아이디어는 커뮤니케이션에 의한 경우가 많다. 그러나 팀에서는 개인별로 문제의식의 부족이나 중요성 인식 부족 등이 원인이 되어 커뮤니케이션이 원활하지 못할 우려가 있다. 또 멤버들의 능력 차나 전문 영역의 극단적인 차이에 의해서도 상호 작용이 어려운 경우가 있다. 이러한 문제를 미연에 방지하기 위해서는 정보나 지식의 교환, 문제의식의 공유화를 도모해가지 않으면 안 된다.

어느 기업의 연구팀에서 처음에는 소단위(3명)로 과제별 활동을 시키고, 제2단계를 팀원 전체가 참여하도록 조립식 과제를 시켰더니, 큰 성과를 올렸다는 예도 있다. 이것은 소수가 되면 책임의식이 강하게 작용하여 상호작용이 활발하게 일어나기 때문이다.

4. 가점주의의 규범을 만들자.

인간은 본래 보수적이기 때문에 새로운 변화나 혁신을 꺼린다. 이런 생각은 창조적 파괴의 정신과 모순하여 존재한다. 혁신적인 제안이 나오면 현상에서는 어렵다고 비판하거나, 결정에 있어서는 안이한 결론이나 하기 쉬운 방법으로 정해버린다. 이와 같은 마이너스적인 생각은 목표와 현실의 차이가 넓으면 넓을수록 머릿속에 떠오른다. 이것이 커지면 실수를 책망하는 풍조로 바뀌어 감점주의가 무성해지기 때문에 팀 활동에서는 이것만큼이나 무서운 것이 없다.

새로운 것에 가치를 두고 현상을 보다 좋게 하기 위해서 창조적 도전의식을 가진 가점주의 풍토, 규범이야말로 팀 활동의 기본이다.

5. 좋은 의미의 경쟁심을 불러일으키자.

대뇌생리학자의 한 교수는 "경쟁심과 투쟁심은 다르다. 투쟁심은 본능적인 욕구불만을 해소를 위한 발정이며, 경쟁심은 진보와 의욕을 원하는 마음의 발정이다"라고 말한 바 있으나 이 경쟁심은 팀 활동에서 빠져서는 안 된다.

사람이라면 누구든지 타성에 젖어 있으나 강한 자극이나 목표가 있으면 성취하려는 의욕을 가진다. 단순한 경쟁심이라고 해도 이겼을 때의 쾌감만을 기억한다면 오히려 역효과가 난다. 중간 단계별로 프로세스상에서 경쟁을 해야 놀랄 만한 성과를 얻을 수 있다.

경쟁은 무엇보다도 공정하지 않으면 안 된다. 따라서 과제를 발견하는 힘이나 얼마나 많은 정보 수집 방법을 알고 있느냐 등에 대해 경쟁하는 것이 좋다. 프로세스별 경쟁에 의해 자신의 능력의 한계와 새로운 가능성을 발견할 수 있으면 자기 계발의 동기부여가 되기도 한다.

6. 반성과 검토를 한다.

반성과 검토가 팀 활동 속에서 효과적으로 움직이면 프로젝트의 질과 속도를 높일 수 있다. 동양인은 일을 할 때에 계획에는 시간을 들이나 시행한 결과에 대해서는 반성하는 일이 적다고 한다. 책임을 추궁하거나 타인의 평가가 명확하게 나오기 때문에 평가를 꺼리는 경향이 있다.

반성과 검토를 하면 다음의 효과가 나타난다.

- 다음의 문제나 테마의 발견을 위한 문제의식이 높아진다.
- 달성의 정도나 능력의 신장이 명확해진다.
- 문제의 발생을 예측할 수 있다.
- 목표 달성에 대한 책임, 참여도가 높아진다.
- 자기 계발의 의욕이 증가한다.

팀 활동의 목표 설정 시에는 언제, 어떠한 형태로 반성과 검토를 할 것인지 결정한다. 팀 활동의 촉진제로서 기능을 다할 수 있도록 추진해가는 것이 중요하다.

문제의 분류와 해결법

팀 편성이 끝나면 다음은 적극적인 문제해결, 목표 달성에 도전한다. 결국 문제 해결의 단계에 따라 과학적인 어프로치에 의한 해결을 추진해가는 것이 바람직하다. 문제 해결의 어프로치, 문제 해결의 순서, 문제 해결 기법에 대해 검토해 보기로 하자.

1. 문제 해결의 3가지 어프로치를 이해하라.

문제 해결에도 여러 가지 어프로치가 있다. 이 어프로치는 문제의 성격에 의해 달라지나 우선 문제의 발생 상황으로 분류해 볼 수 있다.

첫째, 직면하는 문제이다.

직면하는 문제는 보편적인 상황에서 발생하는 문제를 말한다. 사실을 수집하고 원인을 발견하여 참된 문제를 명확하게 한 후에 대책을

생각하는 어프로치를 해야 한다. 원인 추구 등으로 분석하기 때문에
이 문제 해결의 어프로치는 분석적 어프로치가 된다.

둘째, 발견하는 문제이다.

이미 일어난 현상에 국한되지 않고 변화의 근저에 있는 본질 문제
를 의도적으로 발견해가는 것이라 볼 수 있다. 현상이 어떻게 변할지
예측하면서 향후의 문제로 발전할 것에 대해 파악하는 것이 발견하는
문제이다.

예를 들어 워드프로세서가 도입되면 포맷의 통일이나 교육의 문제
가 떠오르게 된다. 상품의 다종 소량 생산이 이루어지면 표준화나 상
품관리 서비스 체제의 문제가 대두되게 된다든가 하는 문제가 이에
해당된다.

현상에만 국한되지 말고 미래의 문제를 발견하고, 문제를 과제로
설정하여 해결해 나가는 어프로치가 발견하는 문제이다.

셋째, 만드는 문제이다.

현상의 문제로부터 시작하는 것이 아니라, 새로운 목표나 이상 상
태를 의도적으로 설정하고 그 이상 상태와 현상의 차이를 문제로 파
악해가야 한다.

'달성감과 의욕을 일으키며 적극적으로 참가하는 제안제도를 만들
자', '식품판매부를 독립적 사업부로 해보자' 등의 문제가 여기에 해당
한다. 따라서 현상 분석은 전혀 없으며, 목표도 수단도 창조적으로 만

들어가기 때문에 이 문제 해결을 창조적 어프로치라고 말한다.

문제 해결은 보편적으로 직면하는 분석적 어프로치를 가리키나 이 것은 수동형 문제 해결에 지나지 않으며 다소 소극적이기도 하다. 변화의 시대에는 보다 적극적인 문제 형성 어프로치나 창조적 어프로치로의 의식을 이행해가지 않으면 안 된다.

팀 활동에 기대하는 과제도 직면한 문제의 해결에 있는 것이 아니다. 발견하는 문제 해결과 창조적인 문제 해결에 있다는 것을 잊어서는 안 된다.

2. 과제의 사전 검토의 요소와 구체안과 실시 계획을 검토하라.

문제 해결도 다종 다량에 이르기 때문에 해결 방안의 순서는 공식화할 수 없지만, 과제 검토 요소와 개선 구체안 검토와 실시 단계에서의 체크 사항은 다음과 같다.

연구 과제에 대한 사전 검토 요소
- TOP의 방침, 판매 방침, 제조 방침
- 소비자의 요구
- 고객의 불만
- 합리화, 성역화에 결부된 것
- 신시장의 개척과 창조
- 신기술의 적응
- 상품의 라이프사이클 변화에 걸맞은 니즈
- 금후 요구되는 기술과 능력

개선 구체안의 4가지 검토

- 구체적으로 쓴다(설정한다).
- 정량적으로 표현한다.
- 행동어로 쓴다(그대로 액션을 취한다).
- 방법이 명확하고 현실감 있어야 한다.

개선 실시계획 단계의 4가지 검토
- 스케줄화가 되어야 한다(PERT 등).
- 역할 분담이 명확해야 한다(누가 하는지 등).
- 목표나 문제가 여러 개일 경우 우선순위를 정한다.
- 반성이나 검토의 기회를 설정한다.

팀 미팅의 장과 문제 해결의 장이 많으면 많을수록 참가의식도 향상된다. 검토 항목의 검증으로 상호 계발을 도모할 수 있고, 창조적인 발언이 많아지게 된다. 그러므로 계속적인 문제 해결에 대한 도전의식과 성공 체험이 매우 중요하다.

3. 문제 해결 기법을 잘 활용하여라.

팀의 문제 해결, 목표 달성을 돕고 개인의 창조성을 높이는 측면에서 집단 기법이 있다. 이것은 멤버의 정보 교환을 자극하거나 집중력을 높이거나 고정관념을 깨는 등의 효과가 있다. 여기에서는 특히 팀 활동이나 문제 해결, 문제 달성에 도움이 되는 기법의 개요를 설명해 두고 싶다.

기법은 어디까지나 보조적인 수단일 수밖에 없다. 팀 전원의 문제의식과 명확한 문제 해결의 순서 그리고 해결 기법의 3가지가 잘 어우러졌을 때 비로소 팀의 성과, 창조적 성과가 나타난다.

[브레인스토밍]

이것은 팀 활동 중에서 가장 확실한 기법이다. '비판 엄금'과 '자유분방'을 강조하면 비약성이 생긴다. 반대로 구체적 아이디어를 내고 싶을 때에는 '자유분방'을 강조하지 않는 것이 좋다.

[MBS식 브레인스토밍]

이것은 미쯔비시에서 고안했기 때문에 이 같은 이름이 붙였다. BS의 변형의 한 가지이다. BS의 장점인 발산성은 줄어드나 아이디어를 구체적으로 낼 때에는 성과가 있는 방법이다. 진행 순서는 다음과 같다.

1. 문제(테마)를 제시하여 메모한다.

2. 문제(테마)에 대한 아이디어를 10~15분 개인별로 발상하고 메모한다.

3. 메모한 것을 한 사람에 1건씩 발표한다.

4. 발언의 순번이 올 때까지는 타인의 아이디어에 관한 의견을 적어둔다.

5. 예정 목표수의 아이디어가 나오면 발탁에 들어간다.

6. 발언자에 의도를 명확하게 하여 다음 멤버의 건설적인 비판에 따라 발언, 구체화하고 수정한다.

7. 그것을 모조지에 추가 기입한다.

[NM법]

주로 제품의 개발 개량, 장치 등의 개선에 응용되고 있다. 하드웨어가 중심이기 때문에 특수한 수단 기법에 들어간다.

[ZK법]

이것은 시스템연구센터 직원이 생각해 낸 것으로 문제 해결기법이다. ZK법은 아이디어 유발 파트와 실천 수속의 하드웨어로 나뉘고, 발상의 시작 → 탐구 → 상호작용 → 실천까지의 행동 순서로 문제 해결을 도모해간다. 부분적으로는 개인적인 생각의 차이도 있겠지만, 집단으로 할 경우에는 창조성이 촉진되게 된다.

[브릿지법]

이 방법은 카드를 사용하면서 문제점 파악 → 구상의 설정 → 구체적인 방법의 작성 → 행동 목표의 형성이라고 하는 순서로 문제를 해결해간다. 각 스텝 간에 브릿지(다리)가 연결되어 있기 때문에 이 같은 이름이 붙여졌다.

[7×7 기법]

이것도 집단 기법의 하나이나 발상 기법이라고 하기보다는 정리기법에 가깝다고 할 수 있다. 비즈니스 컨설턴트의 칼 E. 그레고리가 고안하였으며 종횡에 각 7항목씩 분류하여 매트릭스로 발상하는 방법이다.

그 외에 KJ법, KT법, Gordon법, Synectics법, 가변환사고법 등 문제 해결에 도움이 되는 기법은 많다.

QC의 특성 요인, Pareto, 워크샘플링법이나 PERT 등도 집단의 문제 해결에 사용하기 때문에 이것을 포함하면 해결 기법은 50가지에 가깝다.

집단 기법은 어디까지나 문제 해결을 효과적으로 하기 위한 보조 기법이다. 그러나 팀의 의식을 일정 방향으로 돌리거나 발상을 촉진시키거나 상호작용을 활발하게 하기 위해서는 보편적으로 도움이 된다. 또 문제 해결을 위해서뿐만 아니라 팀 멤버의 창조성을 자극하기 위해서도 기법을 능숙하게 활용하는 것이 매우 중요하다.

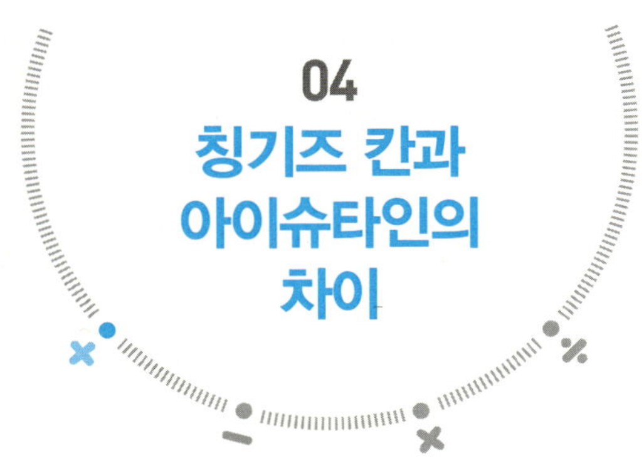

04
칭기즈 칸과 아이슈타인의 차이

역사적으로 보면 많은 리더가 있고 리더십 유형도 여러 가지가 있다. 칭기즈 칸, 나폴레옹은 전쟁을 통해 땅을 정복하여 땅을 넓힌 리더들이다. 전쟁은 아니지만 새 땅에 대한 기대를 가지고 아메리카 대륙을 발견한 콜럼버스도 모험심을 가진 훌륭한 리더였다. 그러나 이들은 지도는 바꾸었지만, 인류 문화의 발전을 위해 창조적 리더십을 발휘하지 못했다.

인류의 역사와 문화에 크게 공헌하고 발전을 이룩한 사람들은 지동설을 주장한 코페르니쿠스, 만유인력의 법칙을 발견한 뉴튼, 상대성 이론의 창시자 아인슈타인, 발명왕 에디슨 등이다. 이들은 인류 역사의 틀을 바꾼 창조적인 리더들이다.

최근에 GE의 전 회장이었던 잭 웰치가 6시그마라는 기법으로 GE를 혁신시킨 것은 물론이고 세계 기업들에게 혁신의 불을 지폈다. 요즈음 기업들은 새로운 사업을 시작하거나 제품을 만들 때 새로운 방법으로 혁신하기 위해 창조적인 프로젝트 팀을 많이 만들고 있다. 창조적 팀에 들어가면 멤버도 자연적으로 창조적이 된다고들 하지만, 창조적 팀은 탁월한 창조적 리더에 의해 만들어지는 경우가 많다. 이는 팀뿐만 아니라 기업 자체가 특정한 뛰어난 창조적 리더에 의해 유지, 발전되는 것을 알 수 있다.

또한 리더 자신도 팀을 창조적으로 만들어가는 프로세스를 통해 스스로의 창조성을 향상시키게 된다. 리더는 문자 그대로 다른 사람들의 앞에 서서 '일을 해내는 것'으로 해석한다. 리더의 창의성과 새로운 기회를 끊임없이 모색하는 것이 매우 중요하다. 오늘날 성공한 기업으로 손꼽히고 있는 대기업들의 성공 요인은 무엇보다도 창조 정신과 개척 정신이다.

여기서는 팀 활동 내의 리더의 역할을 인식함과 동시에 보다 나은 리더를 선출할 때의 유의점 또는 창조적 리더가 되기 위한 마음가짐 등에 대해 고찰해보도록 하자.

리더의 조건

우리 주위에는 여러 가지 팀 활동이 전개되고 있다. 공식적인 조직인 부·과·계 이외에 개선 소집단, 프로젝트 팀, 위원회, 연구회, 취미 동호회, 동창회, 독서회, 개발연구회 등 거론하자면 끝이 없다.

비즈니스맨의 하루 중 대부분은 팀 속에서 활동하고 있다고 하는데, 그 양은 매일 증가하고 있다. 그런데 그 팀 활동이 효과적으로 운영되어 성과를 올리고 있는지 매우 의문스럽다. 발족된 지 몇 개월 만에 사라져 버리는 팀 활동도 의외로 많다는 것이다.

그 원인이 어디에 있는 것일까. 여러 가지의 이유가 있겠지만 주된 요인은 리더에게 있다. 팀 활동이 복잡해지고 다양해지다 보면 개인의 업무나 목표를 통합해야 되고, 가치관이 서로 다른 사람들의 의견을 모아야만 된다. 또 상호 연계를 도모하기 위해 조정도 필요해진다. 게다가 목표의 세분화로 인해 야기되는 개인주의 폐해를 없애고 팀 의식을 고취시키는 일도 필요하게 된다. 이런 역할이 모두 리더의 어깨에 걸려 있다.

이 역할을 명쾌하게 다하기 위해서는 단순한 리더로는 안 되고, 상황 파악 능력과 창조적이고 강력한 리더십을 가진 리더여야만 한다.

팀 활동이 증가할 뿐만 아니라 과제도 어려워지고, 구성 멤버도 복잡해지고 있으며, 높은 기대감이 우수한 리더의 출현을 기대하고 있는 것이다. 또한 단순히 기대하는 수준이 아니라 조직 자체도 우수한 리더를 양성해나가야만 하는 상태에 놓여있다.

리더가 되는 것은 자력으로 리더가 되는 경우가 있는가 하면, 상사의 지명을 받아 되는 경우도 있다. 또 팀 멤버의 선출로 되는 경우도 있다. 리더로 선출되는 3가지 패턴에 대해 살펴보도록 하겠다.

자력으로 성취한 리더

강렬한 개성과 강인함, 달성 의욕이 남달리 뛰어난 사람이 많다. 이 리더가 있는 팀은 리더의 지시에 의해 움직이는 경향이 강하기 때문에 리더 자신이 항상 멤버들을 위해 행동을 할 때는 좋지만, 한번 문제가 생기면

붕괴될 위험을 늘 가지고 있다.

상사가 지명한 리더

이 타입의 리더는 멤버와의 연계가 적은 상태에서 출발하기 때문에 커뮤니케이션을 도모하거나 문제의식을 공유하는데 다소 시간을 필요로 한다. 멤버가 리더를 받아들이게 되면 문제는 없지만, 표면적인 관계로 진행되게 되면 팀 의식을 고취하는 데 결함이 있게 된다.

팀 멤버의 선출로 선택된 리더

이 타입의 리더는 팀에게 가장 필요한 인물이 뽑히는 것이므로 오케스트라의 지휘자와 같은 역할을 다할 수가 있다. 이런 타입의 리더에 대해서는 멤버들도 적극적으로 소통할 수가 있고, 리더도 한 일원으로서 인정을 받기 때문에 멤버들이 활동하기가 수월하다.

리더를 선출하는 방법은 말할 것도 없이 멤버들이 선출하는 것이 바람직한데, 선택의 기준을 사람 됨됨이 또는 인간관계에만 두게 되면 팀이 단순한 인간관계를 위한 집단으로 끝날 위험이 있다. 기준을 인간성에 두지 말고, 개성적이고 창조적이며, 더불어 자기와 타인의 이익을 동일하게 생각할 줄 아는 리더를 선택하는 것이 팀의 창조성을 향상시키는 데에도 중요할 것이다.

다음 표는 직장 안에서 일어나고 있는 팀 또는 소그룹 활동 스타일과 리더, 멤버의 선출 상황을 나타낸 것인데, 스타일에 따라 임명지명에서 호선互選, 순번제, 자유 등 선출 방식이 제각각이다. 활동 스타일도 목표의 성질에 따라 상당히 차이가 있기 때문에 어떤 선출 방법이 좋은지는 단정할 수 없다.

중요한 것은 팀의 목표, 성질, 멤버의 구성, 운영 방식 등을 염두에

프로젝트 팀 활동 스타일과 형태

	A스타일	B스타일	C스타일	D스타일	E스타일
형태	팀 스타일	팀 스타일	소그룹형	소그룹형	소그룹형
목표	특명으로 주어진다.	정해진 프로젝트가 있다.	최종 목표만 정해져 있다(생산성 향상, 코스트 다운 등).	최종 목표는 정해져 있으나, 활동 목표는 자유	목표는 자유 (자연발생적)
리더	임명제	임명제	호선	순번제	자유
멤버	임명제	같은 직장 내 또는 관련 부서에서 선출한다(임명, 모집).	전문, 관련 부서를 중심으로 모집한다(모집이 중심).	전문을 가리지 않고 모집한다 (모집).	자유
운영	일정한 형식이 있다.	일임하고 있으나 일정한 형식이 있다.	그룹에게 일임되어 있다.	그룹에게 일임되어 있다.	자유
기타	공식 조직에 가깝다.	비공식 조직	성과 발표회 등은 강제성을 띠는 상설형		집단으로 회사에 등록되어 활동 자금 등의 원조만 있다.

두고, 그중에서 명확하게 리더십을 발휘해 나갈 사람을 선출하는 것이다.

훌륭한 리더가 되기 위해서는 2가지 능력이 필요하다. 2가지 능력이란 '창조·연구·입안하고, 적절한 판단에 따라 수정해나가는 명확한 판단능력과 이를 실행에 옮기는 지도능력'이라고 할 수 있다. 이를 친숙한 말로 표현하자면 '창조적 판단력'과 '리더십'이 된다.

그러나 2가지 능력을 완전하게 익히고 있는 사람은 드물다. 세상에 완벽한 리더는 많지 않기 때문에 꼭 모든 능력을 다 갖출 필요는 없다.

결점이 많은 가운데 하나라도 뛰어난 자질, 능력이 있으면 그것을 중심으로 멤버들을 이끌고 나가는 것은 가능할 것이다. 오히려 결점이 많은 리더일수록 인간적인 매력을 느껴 멤버들을 더 잘 이끌 수 있다. 리더가 되고자 한다면 자신의 특성을 파악하고, 좋은 점은 적극적으로 발휘하고, 결점은 다른 장점으로 커버해나가는 것이 중요하다.

창조적 리더는 사람을 움직이고 문제를 발견하고 해결하는 능력이 있어야 한다. 리더십은 보통 지도력 혹은 통솔력으로 번역되는데, 이는 리더십의 한 면을 가리키는데 지나지 않는다.

새로운 리더십론에서는 '어떤 상황 속에서 행사되고, 커뮤니케이션이라는 수단을 이용하여 멤버들이 목표를 향하게끔 움직여가는 영향력'이라고 정의하고 있다.

사람을 움직이는 영향력이란 강인하게 끌고 나가거나 통솔하는 것이 아니라, 하고 싶은 마음이 들게끔 하거나 그렇게 되도록 환경을 만들거나, 뒤에서 밀어주거나 하는 식의 움직이기 쉽고 일하기 쉬운 공간을 만들어주는 것을 말한다.

또한 사람을 움직이는 영향력은 꼭 아래 사람만 움직일 것이 아니라, 상사를 움직이는 것 역시 리더십이 된다. 오히려 윗사람이나 타 부문의 사람을 움직이게 만드는 사람일수록 진정한 리더십을 발휘할 수 있는 사람이라 할 수 있겠다.

리더십을 발휘하기 위한 포인트에 대해 생각해보도록 하자.

첫째, 상황 파악 능력이 있어야 한다.
지금 놓인 상황이나 변화를 정확하게 파악하고 있는 것을 말한다.

예를 들어 상사에게 어떤 의견을 진언했는데 "자네, 이 정도의 인식밖에 못하는가?"라는 말을 듣거나, 멤버에게 어떤 지시를 내렸는데 "리더, 그런 건 이미 시대에 뒤처집니다"라는 말을 듣는다고 한다면 리더십을 발휘하고 말고가 없다. 알기 쉽게 말하자면 핀트가 어긋나면 안 된다는 것이다.

상황 파악 요소로는 우선 기업 환경의 변화, 업계 또는 타사의 동향, 조직의 목표, 회사 풍토, 전통 등을 들 수가 있다. 예를 들어 야구 감독이 팀에게 영향을 주면서 팀을 이끌어나가기 위해서는, 타사의 강점·약점, 자기 팀의 분위기, 선수 기질, 과거 성적 등을 파악하고 있어야만 할 것이다. 좀 더 깊게 들어가면 선수의 의향, 전임 감독의 기질, 선수 간의 파벌 등에 대한 지식도 중요해진다. 이런 상황을 올바르게 파악하고 있느냐 아니냐가 리더십에 큰 영향을 주게 된다.

그 밖에 정확한 상황 파악을 하는데 영향을 미치는 요인으로는 선견지명 또는 장기냐 단기냐 하는 판단력, 상사와의 커뮤니케이션 정도 등도 들어간다.

조직의 정보는 상사를 통해 들어오는 경우가 많으므로 상사와의 커뮤니케이션이 좋지 않으면 핀트가 어긋나는 경우가 많아진다. 따라서 평상시 상사와 커뮤니케이션을 원활하게 유지하고, 항상 상황 변화를 제대로 파악해 두는 것이 중요하다.

내적인 면에서 가장 강한 것은 그 사람의 과거 업적·실적 같은 것이다. 조금 더 폭넓게 생각하자면 능력·실력이라 해도 될 것이다. 예를 들어, 영업 관계의 리더가 영업 경험도 없고 매출 실적도 없다고 하면 멤버들은 따르지 않을 것이다. 과거에 그에 상응하는 업적이나 실적이 있을 때 비로소 상대를 움직일 수가 있다.

그 외에 리더십에 도움이 되는 것은 사람 됨됨이나 인간적인 매력 같은 것이 있다. 쉽게 친해질 수 있고, 주위를 잘 돌보며, 밝고 재미있는 성격도 의외로 리더십 발휘에 중요한 요소가 된다.

호감이 가는 상사에 대한 설문조사를 했더니 60% 가까운 사람이 인격이나 성격에 관한 것을 들었다고 한다. 또 다른 내적인 힘이 되는 것은 견식이나 지식인데, 쉽게 말하면 살아있는 지식을 얼마만큼 가지고 있느냐 하는 것이다. 단순히 전문지식만 가지고는 상대를 움직일 수 없다. 그 지식이 상대에게 플러스가 되도록 활용했을 때 비로소 영향력으로서 움직이게 된다. 따라서 평소부터 전문지식뿐만 아니라 견식이 되는 일반상식도 같이 갖추도록 해야 된다.

그리고 배우려는 열망과 일에 대한 헌신이 있는 사람이다. 모르는 부문은 얼마든지 배워서 습득할 수 있으며, 창의적이고 항상 배우려는 자세는 다른 사람에게 매우 호감을 주는 요소이다. 자연히 현 상태에 안주하지 않으려는 사람들이 리더 주위에 몰려들게 될 것이므로 언제나 자신과 다른 사람들을 배움으로 이끌어나가는 일을 게을리하지 말아야 한다.

항상 최선의 방법을 찾되 자기 계발에 힘써야 한다. 리더는 실패도 두려워하지 말아야 한다. 누구나 처음부터 잘하는 것은 아니다. 실험과 혁신의 변화는 항상 실패의 위험을 수반하게 마련이다. 실패 속에서 성공의 씨앗을 발견하고 실패를 두려워하지 않는 사람이 결국에는 훌륭한 리더가 된다.

리더의 입장에 서게 되면 공식 또는 비공식적인 역할이 주어진다. 그 역할의 중요도에 따라 자동적으로 외적인 힘이 부여된다. 형태를 지닌 것이 '권한'이고, 형태가 없는 것이 '자유재량의 폭'이며 외적인 힘을 행사하여 리더십을 발휘할 수도 있다.

다만 권한에 대해서는 최근 상사 혹은 부하의 수용 여부에 따라서 결정된다는 '권한수용'이라는 개념으로 바뀌어가고 있기 때문에, 단순히 권한만을 휘두른다 해도 효과가 없다. 실적이나 견식, 인간적인 신뢰 등과 같은 내적인 힘을 통한 백업이 필요하다.

형태가 없는 것은 자유재량의 폭이지만, 이것 역시 그 사람의 실적이나 견식, 사람 됨됨이 등에 따라 보다 확대된다는 것을 잊어서는 안 된다. 내적인 힘을 배경으로 권한이나 자유재량의 폭을 적극적으로 확대해 나간다는 말이다.

정신과 의사들은 듣는데 탁월한 능력을 가지고 있다. 환자가 쏟아놓는 불만이나 하찮은 이야기도 손짓 발짓 해가며 맞장구를 쳐주고 적극적으로 처음에는 들어주기만 한다.

어느 정도 들어주면 환자는 자신의 속내를 거리낌 없이 쏟아놓는다. 환자가 말하는 내용을 듣지 못하면 정신과 의사는 환자의 정신병의 원인을 찾아내지 못한다.

직장에서도 마찬가지이다. 남의 이야기를 주의 깊게 듣지만 귀로만 듣기 때문에 상대가 말한 내용 중 대부분은 잃어버린다. 문제 해결을 위한 팀 활동에서도 가장 중요한 것은 유창한 '말하기 선수'보다는 '듣기 선수'가 되어야 한다.

한자 '聽' 자를 보자. 이 '聽' 자를 분석해보면 耳 + 王 + 十 +目 + 一 + 心 으로 구성되어 있음을 알 수 있다. "왕王처럼 백성의 의견을 듣는 귀耳와 열 개十의 눈目으로 잘 살피고, 말하는 사람과 하나一된 마음心으로 들어주어라"라는 뜻이 된다.

모든 대인 관계는 대화로 시작한다고 한다. 그러나 보통 대화를 하면 남의 이야기를 듣기보다는 자신의 이야기를 하는 데 주력하다 보니 대화가 될 리가 없다. 그래서 효과적인 대화를 하려면 우선 잘 들어주는 즉 경청하는 자세가 매우 중요하다. 상대의 이야기를 잘 들어주는 사람은 주변으로부터 신뢰를 받는다.

넷째, 필요한 정보를 신속하고 정확하게 알아야 한다.

직장 내에는 정보가 범람하고 있겠지만, 그럴수록 정보의 선택과 수집이 필요하다. 특히 멤버들 혹은 타 부문 사람을 움직이기 위해서는 새로운, 시기 적절한 정보를 효과적으로 사용해야 한다.

어느 기업의 제조부장은 현장이 본사나 영업에 비해 지극히 정보 부족이라는 점에 주목하였다. 그는 항상 본사나 타 부문에 일부러 가서 정보를 수집했다. 이를 적극적으로 현장에 흘려 보냄으로써 리더십을 발휘했다고 한다.

필요할 때 정보를 활용하기 위해서는 새로운 정보를 시기 적절하게 수집하는 노력이 필요하다. 평상시에 늘 공식·비공식상의 커뮤니케이션 루트를 확대해야 하겠다.

창조란 정보와 경험의 조합으로 힘이 발휘되는 것이다. 정보의 이질적 차이가 비약성을 낳는다는 말이 있듯이 정보의 종류가 확대되는 것은 좋다. 그러나 정말 필요한 것을 선택할 수 없게 된 것 또한 사실이다. 넘쳐나는 정보를 분류하고 정리하는 데 많은 시간이 필요하다. 따라서 필요한 정보를 정확하게 입수할 수 있는 루트를 갖는 것 역시 필요할 것이다. 좋은 정보를 선택할 수 있는 기술을 익히는 것도 중요하겠다.

다섯째, 문제 발견 능력과 문제 해결 능력이 있어야 한다.

리더의 힘은 결과로 평가된다. 목표 이상의 성과를 올리면 리더의 역량은 높게 평가를 받고, 낮으면 리더십 능력조차 의문시당하게 된다.

리더한테 있어 사람을 움직이는 영향력은 매우 필요한 능력이지만, 문제 발견을 통한 목표 형성력 또는 문제 해결 능력 역시 빼놓을 수 없는 필요한 능력의 하나이다.

목표는 멤버들의 욕구를 충족시키는 수단이기도 하고, 노력을 집약시키는 과녁이기도 하다. 따라서 목표는 리더한테 있어서나 멤버한테 있어서나 매력이 있는 것이어야만 한다. 매력 있는 목표를 만들기 위해서는 리더 자신이 항상 문제의식을 가지고, 냉정히 현상을 바라보며 문제를 발견하는 데 노력하지 않으면 안 된다. 또한 설정된 목표를 달성하도록 끈기 있게 모두를 끌고 나가는 문제 해결 능력 역시 리더에게 있어 필요하다.

사람을 움직이게 하는 능력과 문제 발견, 해결 능력은 내적인 발현 능력에 의해 향상되기도 하지만, 반복적으로 일어나는 실천의 곤란함 속에서도 향상된다. 그런 의미에서 적극적으로 도전하고자 하는 목표를 설정하거나, 해결하고자 하는 문제를 발견하기 위해 노력하는 것이 대전제가 될 것이다.

무엇인가를 창조한다는 것은 그전까지는 생각이 미치지 못했던 일이나 내용을 생각해내는 것이다. 따라서 상식적으로 생각하여 과거의 예만 따르거나 사람의 흉내를 내기만 해서는 창조란 있을 수 없다.

상식을 부정하는 것, 보통 사람과 반대로 생각해보는 것, 소재는 같더라도 과거에 없는 구성 방식이나 사용 방법을 생각해 보는 것에서 창조는 시작된다.

05
자신의 한계를 뛰어넘는 법

앨빈 토플러는 자신의 저서 《제3의 물결》에서 정보가 자원이 되고 경제원칙이 세상을 지배하는 정보 사회를 예견하여 최고의 지성으로 대접받았다. 하지만 이제는 그 정보화 사회를 넘어 크리에이티브 사회, 즉 창조 사회가 다가오고 있다. 새로움과 아이디어가 사회 전반의 핵심을 차지하는 창조 혁명의 시대가 오는 것이다. 새로운 것을 추구하고 창조해 내는 사람이 인정받고 성공할 수 있는 사회가 오고 있다. 현재의 나는, 지금까지의 나의 습관이 만든 결정체이다. 습관들이 어느덧 나를 이곳으로 이끌고 왔고, 지금의 습관을 바꾸지 않는 한, 과거처럼 미래도 나를 그대로 이끌고 나갈 것이다. 법으로나 생각만으로는 습관을 바꿀 수 없다.

그러나 나쁜 습관을 버리고 더 나은 습관New Paradigm을 만들면 그것이 창조적 혁신이다. 이 습관이 반복되면 더 나은 미래가 보장된다.

따라서 혁신은 더 나은 새로움을 추구하는 것이기에 혁신하는 것도 창조이다.

창조적 혁신경영을 하지 않는 기업은 씨는 뿌리지 않고 종자를 먹어 치우는 기업이다. 최고의 디자인으로 유명한 덴마크의 비앤오리에는 사내에 단 한 명의 디자이너도 없다.

고객이 정말로 원하는 것을 만들기 위해 디자이너를 고용하지 않고 외부인력에게 디자인을 맡긴다. 신입사원으로 입사해 회사에 오래 근무한 디자이너는 기존의 문화에서 벗어나지 못하므로 창조성을 발휘하기 힘들다는 것이 그 이유이다.

외부 디자이너 개개인의 차원에서는 직장 내에서의 영속적인 안정을 추구하고 싶어하지만, 정말 경쟁력을 갖춘 이들에게는 이전보다 훨씬 큰 보상이 주어지는 체제를 선호하고 그 속에서 승부하고자 한다.

디자인으로 승부해야 하기 때문에 디자이너를 직원으로 뽑지 않는 역발상 경영이 세계 최고의 경지로 이끌었다.

좋은 아이디어를 내려면 부정적인 이미지를 버려라

인간은 참 신기하게도 직면하는 수많은 장면에서 행동하기 전에 순간적, 본능적으로 자신이 취할 행동과 그 결과를 이미지 속에서 예측하곤 한다.

"아, 잘될 것 같다"라든지 "이건 좀"이라든지 말이다. 결국 이러한 이미지가 그 장면에서 그 사람의 '자세'를 만들어내기 때문이다. 이런 자세가 계속되어 '태도'로 정착되게 된다. 일본의 아오모리 현에 사과

단지에 태풍이 와서 대부분 사과가 떨어져 버렸다. 농부들이 실의에 빠져서 한탄하고 있을 때, 한 농부는 나무에 달려 있는 사과라도 팔아보자고 아이디어를 냈다. 사과의 브랜드를 '떨어지지 않는 사과落ちないりんご'라고 이름을 붙여서 10배 비싼 가격으로 1개 만 엔씩 팔았다.

그런데 출시하자마자 일주일 만에 다 팔려버렸다. 태풍에도 떨어지지 않는 사과를 먹으면 경쟁이 치열한 대학입시에도 떨어지지 않는다는 생각 때문이었다. 일본의 대입 수험생들의 부모들이 출시하자마자 사려고 몰려들어 하루 만에 품절이 되었다. 긍정적인 생각은 불행을 행복으로 바꾸어준다.

[실험 A] 중량물 들어 올리기

긍정의 힘을 알아보기 위해 다음과 같이 A, B의 실험을 해보자. 우선 "이 70kg의 상자를 들어올릴 수 있는가?"라고 묻는다. 그러면 이 문제에 대해 다양한 의견이 나오겠지만 대다수의 피실험자는 2가지 유형으로 분류된다. '가능하다'고 접근하는 사람과 '불가능하다'고 머릿속에서 미리 포기해버리는 사람이다.

자신의 체중보다 무겁기 때문에 아무래도 무리라고 손도 대려고 하지 않는다. 그래도 몇몇의 사람들은 만져라도 본다. 그러나 "역시 무겁네", "이건 정말 무리다"라고 말하고 별로 노력해 보지 않고 포기한다.

"왜 들어보지도 않습니까?"라고 질문하면 "내 체중보다 많이 나가기 때문에 무리예요"라던지 "체력의 한계예요"라고 답해온다.

그러나 정말로 체력의 한계인 것일까? 실제로 들어보면 그렇지 않다. 해보기 전부터 이미지 속에서는 '안 된다, 할 수 없다'고 단정을 지어버리기 때문이다.

보통 성인이라면 이 상자를 5~10cm는 들어올릴 수 있다. 손의 힘으로만 들지 않고 다리 힘으로 들어올리는 것이다. 우선 양다리를 벌려 70kg의 상자를 감싸 안고 양다리의 힘으로 끌어올린다. 그러면 쉽게 들어 올릴 수 있다.

실제로 해보면 간단하게 대부분의 사람들이 성공한다. 체력이 딸려서 뼈가 부러지거나 탈구되는 일도 없을 것이다. 중요한 것은 실제로 해보려는 마음가짐만 있으면 거의 모든 사람들이 성공하게 된다는 것이다. 실제 체력의 한계라고 하는 것은 원래 무한한 것이기 때문이다. 직장에서도 인간은 보통 한계능력의 30% 정도밖에 힘을 내려고 하지 않는다고 한다. 잘한다고 소리를 듣는 사람도 겨우 50~60% 정도에 불과하다.

자신의 최대 능력을 내보기도 전에 머릿속으로 또는 직관적으로 '매우 위험하다' 라든지 '안 된다'라고 자각하게 되는 것이다.

그리고 무의식 속에서 반사적으로 힘을 발휘하려고 하지 않는다. 이것이 흔히 말하는 심리 한계이며 이 심리 한계가 매사에 브레이크를 거는 것이다.

만약 자신의 능력을 한껏 발휘하려고 한다면 특별한 훈련을 하는 것보다는 자신의 심리 한계를 높이는 것이 좋다. 그 방법은 매우 간단하다. 이미지로서 '할 수 있다. 가능하다'고 하는 생각을 정립시키고 일을 시작하는 것이다. 그렇게 하면 저절로 될 수 있다는 마음이 생겨 결국은 가능한 상황으로 바뀔 것이다.

'태도'의 '態'라고 하는 글자를 분해해보면 한자 그대로 능력의 마음[能 + 心]이라는 의미이다. 일반적으로는 능력의 정도에 있어서도 心(마음)이 큰 비중을 차지한다고 생각해도 무방할 것이다. 능력의 개인 차에 있어서도 마음이 있고 없고의 차가 가능, 불가능을 좌우하기 때문이다.

따라서 직장에서의 태도나 일에 임하는 자세가 나쁘다고 하는 것은 능력 안에 긍정적인 마음이 들어있지 않기 때문이다. 태도가 나쁜 것은 그 출발점에 있어서 바라보는 대상을 좋은 이미지로 받아들이지 않기 때문이다. 또 자기 자신에 대해서도 "나는 왜 안될까?"라는 부정적인 이미지가 좋지 않은 태도를 만들어 내게 된다.

[실험 B] 높이 2m의 장대 2개 사이를 자전거로 통과하기

여기에서 다른 한 가지 실험을 소개하고자 한다.

"넓은 들판에 높이 2m의 장대 2개가 서있다. 이 장대의 사이를 자

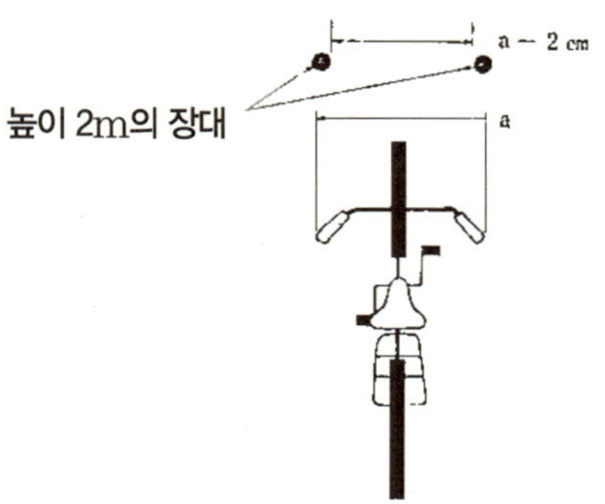

이 사이를 지나갈 수 있을 것인가 하는 실험이다.

'무리다. 힘이 센 사람이 자전거 핸들을 구부러뜨리고 지나지 않고 서야 불가능하다'라고 생각하는 사람이 있을 것이다. 이렇게 생각한 사람은 앞으로도 영원히 지나갈 수 없게 된다. 실제로 해보기도 전에 포기해버리게 되기 때문이다.

이에 대해서 몇 명의 사람은 '어떻게 잘하면 지나갈 수 있지 않을까?' 하고 도전해 본다. 문제는 잠시 접어두고 '통과할 수 있다'고 하는 이미지를 갖고 스스로 시험해 보려고 하는 것이 매우 중요하다. 이에 따라 결과는 크게 달라진다.

실제로 중국집 배달원은 배달통을 한 손에 들고 나머지 한 손으로도 핸들폭보다 좁은 장대 사이를 자전거 핸들을 비스듬하게 틀어서 통과해버렸다. 머리로만 생각해보면 불가능하다고 판단되는 것도 가능하다고 생각하고 지혜를 내어 도전해보면 해결되는 일이 많다.

다음은 사례에서 실패하는 사람과 성공하는 사람의 심리 분석표이다.

〈실험 A의 경우〉

실패하는 사람	성공하는 사람
1. 자신의 체중보다 무겁다.	1. 조금이라도 들 수 있지 않을까?
2. 들으려고 하지 않는다.	2. 그래 도전해보자.
3. 만져만 본다.	3. 몸을 움직여본다.
4. 확실히 무겁다.	4. 팔뿐만 아니라 온몸으로 든다.
5. 아무래도 무리다.	5. 다리 힘으로 든다.
6. 포기해버린다.	6. 들 수 있다.
7. 들지 못한다.	

〈실험 B의 경우〉

실패하는 사람	성공하는 사람
1. 핸들폭보다 좁다.	1. 우선 자전거를 타본다.
2. 통과할 수 없다.	2. 할 수 있다고 생각을 한다.
3. 아무래도 무리다.	3. 핸들을 기울이면 할 수 있다.
4. 해봤자 소용없다.	4. 사선 방향으로, 아니 중앙에서라도 해본다.
5. 포기해버린다.	5. 부딪혀보면 된다.
6. 통과할 수 없다.	6. 통과할 수 있다.

이처럼 어느 한 곳에 국한되지 말고 "할 수 있다", "할 수 있을 것 같다"라는 긍정적인 이미지를 갖는 것이 성공하는 데 있어 가장 중요한 비결이라 할 수 있다.

좋은 이미지는 무의식 중에 성공으로 가는 길을 자기 암시를 통해 하게 되어 자연스럽게 좋은 마음가짐을, 좋은 자세를, 좋은 태도를 나아가 적극적인 행동을 끌어내기 때문이다.

반면 최초에 나빴던 이미지를 떠올린다면 실패할 거라는 자기 암시를 주어 결과적으로 안 된다고 하는 이미지를 주게 된다. 예를 들면 자전거를 막 타기 시작한 아이한테 주변에서 큰소리로 "위험해! 위험해! 넘어진다니까!"라고 하자 놀랍게도 넘어져버렸다. 또 전봇대에 부딪힌다고 주의에서 민감하게 반응하자 아이는 전봇대랑 정면 충돌해버리기도 하였다. 주위에서 전봇대랑 부딪힌다고 하면 그 어린이도 전봇대에만 집중하게 된다. 한곳에만 집중하게 되니 얼굴이나 몸의 방향이 한쪽으로 쏠려 전봇대를 향해 다가가다 결국 부딪혀버리게 되는 것이다. 이처럼 주위에서 하는 말을 듣고 어린이도 자기 암시를 걸었기 때문이다.

이러한 경우는 반대로

"아니야. 넘어지지 않는다. 좁지만 재빨리 몸을 움직여 통과할 수 있다. 저기는 휙~ 지나가면 좋을 것이다"라는 긍정적인 자기 암시를 걸기만 하면 해결 방안이 나온다.

잠재의식을 끄집어 내어 자신에게 체면을 걸어라

앞서 두 실험에서도 알았듯이 우리들은 어떠한 문제에 직면했을 때 순간적으로 무의식 속의 이미지상에는 실수할지 성공할지 결정하는 나눔의 길이 있다. 문제에 대해 최초에 떠오르는 이미지가 각각의 자기 암시가 되어 실패나 성공으로의 행동을 만들어낸다고 할 수 있다.

인간은 이미지 속에서 2개의 갈림길 중에 한 가지를 선택한다. 즉 가능할 것 같다고 하는 판단과 아무래도 불가능할 것 같다고 하는 판단이다. 이것은 본인의 능력 이전의 문제이다. 이 중 어느 것을 선택하느냐로 결과는 결정되어버린다. 그렇기 때문에 가능하다. 불가능하다는 당사자의 능력 문제가 아니다. 문제에 대한 자신의 마음가짐에 따라 상황은 달라질 수 있다. 더 근본적으로는 어떤 이미지를 갖느냐에 달려있는 것이다.

긍정적인 이미지는 창조적인 길로 가는 자동유동장치를 설치하는 것과 같다고 할 수 있다. 나쁜 암시를 주변 사람이 하면 실수를 하거나 사고를 만나게 되는 경우가 많이 있다. 높은 곳에서 등산을 하고 내려오는 아이를 엄마가 재촉하다 보니 다급해진 아이가 절벽 밑으로 굴러 중간 바위틈에 걸려버렸다.

그러자 엄마는 "위험해, 그런 높은 곳에서 떨어지면 죽는단 말이야. 죽으면 어떻게 하지. 도와주세요!"라고 외쳤다.

당초 아이는 스스로 "괜찮아. 많이 안 다쳤구나. 조금 참으면 괜찮아!"라고 생각했는데, 엄마가 "위험해. 죽으면 어떻게 해! 조심해. 죽을 거야!"라고 비명을 지르자 그 순간 굉장한 공포감이 밀려왔다. 그때까지 정상 기능을 하고 있던 달팽이관에 이상이 생겨 평행감각을 잃고 결국 떨어져버린 사고가 있었다.

이와 같이 어떠한 일의 결과를 살펴보면 외부로부터의 반응 그리고 그것을 받아들이는 자세에 따라 결과는 크게 달라진다고 말할 수 있다. 이미지 속에 긍정을 반복적으로 생각해야 습관화가 된다. 이것을 이미지 트레이닝이라고 한다. '옛말에 호랑이를 그리다보면 고양이는 쉽게 그릴 수 있다'라는 말이 있다. 가능성을 믿고 꿈을 크게 갖는다면 실패를 하더라도 어느 정도 목표의 근사치까지는 갈 수 있다는 말이다. 이러한 이미지 트레이닝은 코스트가 전혀 들지 않는 활동이며 언제 어디서든 누구든지 쉽게 할 수 있다는 장점이 있다.

따라서 능력 개발이라고 하는 특별 훈련 등을 하기보다는 우선 심리적 한계를 향상시켜 가는 것이 우선이다. 이 심리 한계라고 하는 것은 지식이나 경험이 쌓이면 쌓일수록 내려가기 쉬워진다. 또 나이를 먹으면 먹을수록 이 한계는 낮아지는 경향이 있다. '벌써 나도 늙었으니까' 하고 생각하는 마음이 심리 한계를 떨어뜨리는 것이다.

프로 야구단에는 심리 한계를 극복하기 위해 강사의 지도에 따라 두께 2cm의 송판에 자신의 목표를 쓴 선수들이 송판을 주먹으로 쳐서 깨뜨린다. 이것은 의지의 놀라운 힘을 체험하는 훈련이다.

불가능하다고 생각했던 송판을 신입선수가 시원스럽게 송판을 두 조각 내자 고참들의 생각이 긍정적으로 바뀌어서 모두 두 조각을 냈다. 스스로도 놀라운 결과였다. 두꺼운 송판이 이미 깨졌다고 생각하고 믿음을 가지고 손으로 내친 결과였다.

불가능을 가능으로 바꾸는 선수의 정신 개조를 위한 훈련 중에서도 무려 500도가 넘는 뜨거운 불 위를 아무런 장치 없이 용감하게 걸어가는 모습은 이해하기 힘든 심리 한계 극복 장면이었다. 불 위를 걸어가는 선수들이 화상에 대한 두려움도 없이 건너는 모습은 인간에게 숨겨진 힘의 무한함을 실감나게 해준다. 선수들은 숯불 체험을 한 뒤 '뜨겁지 않았다. 역시 마음가짐이 중요하다. 올해 내 야구도 이전까지

의 부진을 씻고 새롭게 시작할 것'이라고 모두 긍정적인 의식을 가지
게 된다.

이처럼 일상생활에서 능력을 최대한으로 발휘하고 싶다면 '나의
잠재력은 무한하다'는 마음을 갖는 것도 필요하다. 평상시에 심리 한
계를 높여라. 특별한 훈련이나 힘든 트레이닝을 하지 않아도 한계 능
력은 자연스럽게 향상되기 마련이다.

즉 실행Learning by Doing 하는 것에 따라 심리 한계는 향상된다. 직장
에서도 끊임없이 목표를 설정하고, 이 목표를 향해서 스스로 동기부
여를 해나가면 자기 계발이 되고 능력 개발이 되는 것이다.

OJT On the job Training는 체험하여 몸으로 배우는 교육과정이다. 일
을 하면서 체험으로 필요한 것을 배우고, 일을 해서 그 능력을 발휘해
가는 것이 매우 중요하다. 평상시 이러한 자세와 마음가짐을 갖는다면
부족한 능력에 대한 업무도 잘 수행할 수 있다.

그리고 상하 간에 긍정적인 심리 한계를 가지도록 서로 도와주므
로 성장하고 발전해 갈 수 있게 된다. 직장생활을 거듭하면 할수록 자
신이 성장하고 발전해 갈 수 있다면 이것이 바로 직장에서의 보람인
것이다. 반대로 직장생활을 통해 얻는 건 임금뿐이라고 생각한다면
느는 것은 불만과 주름, 흰머리뿐이다.

'되고'의 법칙이라는 것이 있다. 돈이 없으면 돈을 벌면 되고, 잘못
이 있으면 잘못을 고치면 되고, 안 되는 것은 되게 하면 되고, 모르면
배우면 되고, 부족하면 메우면 되고, 힘이 부족하면 힘을 기르면 되고,
잘 모르면 물으면 되고, 잘 안 되면 될 때까지 하면 되고, 길이 안 보이

면 길을 찾을 때까지 찾으면 되고, 길이 없으면 길을 만들면 되고, 기술이 없으면 연구하면 되고, 생각이 부족하면 생각을 하면 되고, 이와 같이 '되고 법칙'에 대입해서 인생을 살아가면 안 되는 것이 없는 것이다.

내가 믿고 사는 세상을 살고 싶으면 거짓말로 속이지 않으면 되고, 미워하지 않고 사는 세상을 원하면 사랑하고 용서하면 되고, 사랑받으며 살고 싶으면 성실하고 진실하면 되고, 세상을 여유롭게 살고 싶으면 이해하고 배려하면 된다. '되고의 법칙'을 삶에서 적용하여 창조적 혁신의 선봉자가 되기를 바라는 바이다.

3

미리 단정 짓거나
답을 찾지 않는다

일본 니가타 현에서의 일이다. 한겨울의 폭설로 인해 제설차를 출동시키는 일이 빈번했으나, 니가타 현의 시장이 길에 제설 파이프를 만들어 겨울에도 쾌적한 도로 환경을 확보할 수 있게 되었다. 이것을 보고 만족에 그치면 안 된다. 이 아이디어를 재사용하여 제설 파이프를 자신의 집 옥상에 설치하여 눈을 치우는 일에서 해방된 사람이 있다. 이와 같이 어떤 것이든 한 가지 문제 해결에 급급해하지 말고, 그이상의 효과를 생각해 횡전개를 할 수 있는 폭넓은 눈과 다면적인 사고방식이 필요하다.

학교와 사회에서 요구하는 능력의 차이

다음 표는 학교에서 요구되는 능력과 사회에서 요구되는 능력을 문제의 유형과 문제해결의 방법에 따라 대비한 것이다. 학교와 사회

학교와 사회에서 요구하는 능력의 차이

	학교에서 요구되는 능력	사회에서 요구되는 능력
문제의 유형	'이것이 문제다'라고 하는 형태로 주어져서 매우 명확함.	무엇이 문제인지 불명, 문제의 발견, 파악부터 시작된다.
문제의 해결 방법	지식, 논리를 적용한다.	절대적 방법론은 없으므로 창의적으로 연구한다. 지혜를 낸다.
답의 종류	정답은 하나고, 절대적이다.	되도록 많은 답을 생각해낸다. 그러나 정답은 없다.
답의 평가	지속적으로 변하지 않는다.	많은 답 중에서 그 시점에서 보다 좋은 것을 선택한다.
필요한 능력	지식 / 논리적 능력	지혜 / 창조적 능력

에서는, 우선 '문제의 내용과 해결 방법'에서부터 다르다. 학교에서는 시험이나 선생님이 묻는 질문에 잘 답하면 좋은 성적을 얻는다. 결국 수동적으로 선생님이 가르쳐 준 대로 답하면 우등생이 된다. 그러나 직장에서의 문제는 주어지는 것이 아니라 스스로 발견하거나 만들어 나가지 않으면 안 된다. 결국 직장에서는 출발점부터 우선 적극적이고 창조적일 것을 요구한다.

문제를 해결하는 방법도 학교와 사회에서는 많은 차이가 있다. 학교에서 출제되고 있는 문제는 교과서와 선생님이 가르친 내용 안에서 틀림없이 출제되고 있다. 결국, 지식으로써 확실히 숙지하거나 잘 외우기만 한다면 문제의 답은 쉽게 해결되고 만점을 받을 수 있다. 그러나 직장에서는 그렇지 않다. 정답이 정해져 있지 않기 때문이다.

그래서 어디까지나 스스로가 창의와 연구로 문제를 해결해 나가지 않으면 인정해주지 않는다. 결국 남의 지식을 발견한 것만으로는 2등은 될 수 있을지 몰라도 1등은 될 수 없다. 나만의 우리 회사만의 '독자적인 지혜 즉 아이디어'가 들어가 있지 않으면 세계 최고가 될 수 없기 때문이다.

다시 말하면 '답하는 방법' 자체가 학교와 사회에서 큰 차이가 있다. 예를 들면 "이렇게 하면 많이 팔 수 있다"든지 "이렇게 하면 반대하는 주민을 설득할 수 있다"고 하는 절대적인 답은 없다. 그렇기 때문에 우리들은 "저만큼 하면 좋겠다든지 이렇게 하면 어떨까, 이런 것을 해보면 어떨까?" 하는 식으로 여러 가지의 아이디어나 많은 답을 내고 검토한다.

하지만 그렇다고 해도 완벽한 답은 없다. 학교 시험처럼 정답이 정해져 있다면 사회생활이 참으로 편할 것이다. 그 정답대로 하면 만점을 받을 수 있으니까. 한편으로는 정답이 없기 때문에 세상이 더 재미있고, 창조성을 발휘하여 자아실현의 욕구도 충족할 수 있는 것이다.

그리고 도출해 낸 답에 대한 평가도 학교와 사회에서는 매우 다르다. 우선 학교의 평가는 ○ 아니면 ×다. 이에 비해 사회에서 부딪치는 문제는 이것이 틀리다라고 확정 지어 말할 수 없다. 말하자면 최고의 안이 아니라 최선의 안인 셈이다. 같은 답이라고 해도 어느 경우에는 맞고 어느 경우에는 틀리는 경우가 있다. 그렇기 때문에 해보지 않으면 어느 것이 좋은지는 평가할 수 없는 경우가 많다.

그렇다고 해서 모든 시안을 실행해 볼 수는 없다. 여기서 평가는 '좋을 것 같은 것'을 골라내는 것이 된다. 즉 평가에 대해서는 미래 또는 결과를 예견하는 눈이 필요하다고 하겠다.

이와 같이 학교에서 요구되는 능력과 사회에서 요구되는 능력과는 차이가 많다. 이들을 정리해보면 다음과 같다.

> **학교에서의 능력** – 주로 암기력에 있다. 확실한 지식을 갖는 것. 즉 주어
> 진 문제로의 논리적, 과학적 어프로치를 할 수 있는 능력을 말한다.
> **사회에서의 능력** – 기억력이나 지식뿐만 아니라 창의, 연구하는 것으로
> 지혜를 끌어내는 능력, 즉 문제를 발견하는 것으로 시작하여 그 문제를 현
> 실적이고 창조적으로 어프로치 할 수 있는 능력이다.

논리적 어프로치 VS 창조적 어프로치

논리적 어프로치와 창조적 어프로치

논리적 어프로치	창조적 어프로치
지식이 주체	지혜가 주체
객관적	주관적
범용적	개별적
고정적	동적(다이내믹)
학교적	사회적
기계적	인간적
수직사고	수평사고
제한적 사고	확산적 사고

논리적 어프로치라고 하는 것은 오늘날 발달한 컴퓨터라고 생각하
면 이해가 쉽다. 기계는 한번 기억을 시켜두면 이후에 언제라도 재빠
르고 정확하게 이것을 아웃풋한다. 인간처럼 과식을 하거나 과음을
하지 않는다. 또 인풋하는 사람의 얼굴을 보고 거절하거나 아웃풋을
바꾸는 등의 행위도 하지 않는다. 논리적으로 문제가 매우 없고 능률
적이다.

그러나 창조적인 어프로치는 앞으로 아무리 기계가 발달한다고 해도 사람밖에는 할 수가 없다. 왜냐하면 기계는 생각하는 능력이 없고 감정이나 주관을 가질 수 없기 때문이다. 아이디어를 낸다고 하는 것은 아무리 사회가 발달한다고 해도 인간만이 할 수 있는 일이다. 따라서 앞으로 기계, 특히 컴퓨터가 발달하면 할수록 이 창조적 어프로치의 중요성은 점점 늘어날 것이다. 그렇기 때문에 창조성 개발에 관심을 가지고 일을 하는 사람이라면 미래를 내다보는 선견력 있는 사람이라고 할 수 있다.

에드워드 드보노의 수평사고를 배워라

1970년에 에드워드 드보노Edward de Bono가 제창한 '수평사고'가 소개되어 굉장한 화제가 되었다. 많은 사람들로 하여금 최고의 사고법이라고 생각되어 왔던 논리적 사고를 수직사고Vertical Thinking라고 불렀다. 또 이에 반하는 폭넓은 사고를 수평사고Lateral Thinking라고 이름 붙여 수평사고의 중요성을 제창하였다. 특히 IT 시대가 진보하면 진보할수록 이 수평사고는 중요하게 될 것이라고 예언하였다.

당시 '수평사고가 있다'는 견해는 굉장히 획기적인 일이었다. 사실 그는 수평사고를 'New Think' 즉, '새로운 사고'라고 그의 저서의 타이틀에서도 강조하고 있다. 그리고 애드워드 드보노는 이러한 사고방식에 앞장서 2가지 사고법의 차이를 명확하게 한 점에서 큰 공헌을 남겼다고 말할 수 있다.

수직사고논리적 사고와 수평사고창조적 사고와의 차이를 주변의 문제 해결 예화를 근거로 실로 알기 쉽게 설명한 내용이 그의 저서《수평사고의 세계》원저명《New Think》첫 페이지에 나온다.

옛날, 한 런던의 상인이 고리대금업자에게 막대한 돈을 빌리고 갚을 길이 없어 힘겨워하고 있었다. 만약 이 돈을 갚지 못할 경우 감옥에 가야 했다. 그런데 이 고리대금업자가 이 늙은 상인의 어여쁜 어린 딸에게 눈독을 들이고 있어서 딸을 자기한테 준다면 그동안 빌려준 돈을 모두 없던 것으로 하겠다며 조건을 제시하였다.

고리대금업자는 안마당에 상인과 딸을 세워두고, 이 모든 것을 하늘의 운에 맡기겠다며 제비뽑기로 결정하자고 하였다.

큰 주머니에 흑백 2개의 작은 돌맹이를 넣고 딸에게 하나를 고르도록 한 후, 만약 딸이 검은 돌을 고르면 아비가 빌려간 돈은 없던 것으로 하되 자기의 부인이 되는 조건이라고 하였다. 그리고 흰 돌을 고를 경우에는 아버지와 지금처럼 함께 살 수 있도록 해주고 더불어 빌려준 돈도 모두 없던 것으로 한다는 것이었다. 딸이 돌을 고르는 것을 거절하게 될 경우에는 아비는 감옥에 가게 되기 때문에 딸은 선택의 여지가 없었다.

고리대금업자는 마당에서 작은 돌맹이를 2개 주워 주머니에 넣었다. 그런데 딸은 대금업자가 주머니 안에 넣은 돌 2개가 모두 검은 돌인 것을 눈치채고 매우 당황하게 되었다. 엉큼한 대금업자는 딸에게 운명을 결정하는 돌을 빨리 고르라며 다그쳤다.

'만약 당신이 이 불행한 딸의 입장이라면 어떻게 했을까? 당신이 이 딸에게 조언해 줄 수 있는 것은 무엇인가?'라는 것이 문제이다. 어떻게 하면 이런 곤란한 문제를 슬기롭게 해결할 수 있는가에 대해서 잠깐의 여유를 갖고 생각해보기를 바란다.

대부분의 사람들은 그렇게 생각할 것도 없이 대금업자가 속이고 있는 것이니까 '주머니를 열어 2개의 검은 돌을 꺼내어 약속과 다르다'고 대금업자의 잘못됨을 밝힌다라고 할 것이다.

고리대금업자의 옳고 그름을 따지기 위해서는 그렇게 하면 밝혀질 것이다. 그러나 수평사고 측면에서 보았을 때는 0점이다. 왜냐하면 그렇게 해서는 고리대금업자의 눈을 찌푸리게 할 뿐 빌린 돈 문제는 해결되지 않기 때문이다.

그렇다면 어쩔 수 없이 빚이라도 탕감받기 위해서 울며 겨자 먹기 식으로 검은 돌을 고르고 딸은 희생양이 되어야 하는가. 그렇게 하는 것 이외에는 방법이 없지 않냐고 하는 사람도 있을 것이다.

소설이나 드라마라면 이렇게 전개해 다음의 풍부한 스토리 전개의 시발점으로 사용할 것이다. 아버지를 위해 착한 딸이 눈물을 뒤로하고 대금업자의 부인으로 들어가는 아름답고도 슬픈 아버지와 딸의 이야기가 될 것이다.

그러나 이렇게 끝난다면 너무 지혜가 부족하지 않은가? 더 좋은 명답은 없는 것인가? 어떻게든 보다 좋은 아이디어를 내어 창조적으로 풀어나가는 수평적인 사고를 해야 한다. 드보노는 수평사고의 사람은 다른 각도에서 다른 답을 찾을 수 있고 지혜롭게 대응할 수 있다고 말했다.

이 딸은 주머니 속에 손을 넣어 한 개의 돌맹이를 꺼내 들었다. 그리고는 펼쳐보기도 전에 안마당 바위틈 사이에 떨어뜨려 버렸다. 그리고는 "제가 긴장해서 돌을 떨어뜨리고 말았습니다. 하지만 걱정할 것 없습니다. 남아있는 돌을 보면 제가 어느 돌을 집었는지 확실하게 알 수 있으니까요” 하고 대답했다. 그녀는 남아있는 돌을 꺼내 대금업자에게 확인시켜 주었다.

물론 주머니 속에 남아있는 돌은 검정색이 확실하기 때문에 딸이 최초에 꺼내서 떨어뜨린 돌은 흰색이라고 인정할 수 밖에 없다.

얼마나 스마트한 해결책인가. 드보노는 이처럼 주머니 속에서 꺼내는 돌이 아니라 남아있는 돌에 주목하고 있다. 즉 다른 새로운 관점에서 사태를 파악하는 것이라고 기술하고 있다.

에드워드 드보노는 우리들에게 수평사고라고 하는 새로운 사고가 있다고 하는 것과 그 중요성에 대해 설파했다. 그러나 안타깝게도 수평사고의 방법이나 이것을 배양하는 방법론이 충분히 확립되지 않았던 것 같다. 또는 있어도 몰랐거나, 그것이 동양인에게는 잘 맞지 않았거나 정착하지 못했던 것도 안타까움을 남긴다.

그러나 지금은 창조적 어프로치나 창조적 문제 해결의 방법론이 완전하다고는 하기 어렵지만 어느 정도 체계가 확립되어져 있다.

다면적으로 보는 습관을 키워라

[그림 1-1]을 보면 누가 보아도 보는 순간 ‘젊은 여성의 옆모습을 그린 그림이다’라는 걸 알 수 있다. 그러나 계속 주시하다가 보면 다르게도 보일 수 있다. 젊은 여성이 아닌 노파로도 보일 수 있게 그려져 있다. 통상적으로 우리들은 [그림 1-1]에서 젊은 여성 이외의 것을 보려고 하지 않는다. 젊은 여성이 그려져 있다는 인식에 도달하는 순간

그 이상 보는 것을 중단해버리기 때문이다.

정보의 홍수 속에서 바쁜 일상을 보내고 있다보면 그럴 수 밖에 없을지도 모른다. 다면적으로 보는 훈련을 하지 않으면 창조적인 눈은 얻을 수 없을 것이다. 여기서 말하는 창조적인 눈은 다면적으로 볼 수 있는 눈을 말한다.

[그림 1-2]는 두 개의 얼굴 도형이라고 한다. 처음 보면 갈라진 그릇 정도로 보인다. 하지만 다면적으로 바라보면 그림에서 왼쪽을 보고 있는 사람의 얼굴, 오른쪽을 보고 있는 사람의 얼굴 2가지를 동시에 확인할 수 있다.

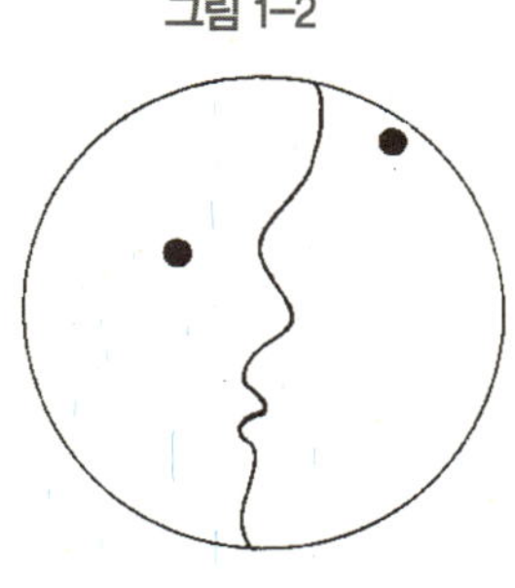

대부분의 경우 단면적으로 바라본다. 나아가 때에 따라 한 시각만 강요한다. 신문, 잡지, 텔레비전, 라디오 등 매스컴을 접할 때 특히 그러하다. 어떤 현상이든 잘 관찰한다면 점점 다양하게 볼 수 있다. 어떤 케이스라도 반드시 다른 방향으로 한 번 더 생각해보는 습관이 매우 중요하다. 이것이 그렇게 어려운 일은 아니다. 항상 다면으로 바라보는 습관만 생기면 여러 가지의 개선안 성과를 기대할 수 있을 것이다.

옆의 [그림 1-3]은 유명한 심리학자의 그
림이다. 그림의 중앙의 하얀 부분은 잔처럼
보이고 그 외의 검정색 부분을 보면 양쪽에
서 사람이 얼굴을 맞대고 있는 것을 확인할
수 있을 것이다.

그림 1-3

다음의 [그림 1-4]를 보자. 일반적으로는
원과 삼각형이 겹쳐있는 것을 볼 수 있겠으
나, 그 외에도 여러 가지로 볼 수 있다. 예를
들면 그림에도 있듯이 걸친 원과 걸쳐진 삼
각형 부분만을 따로 떨어뜨려 볼 수도 있다.
그렇게 보는 사람은 드물지만, 사실을 이와

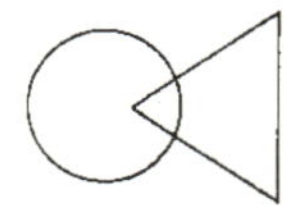

그림 1-4

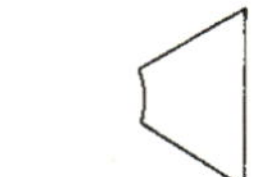

같이 다른 방법으로 볼 수 있는지 없는지가 창조적으로 문제를 해결
하는데 크게 좌우한다.

본질을 파악하라

한 대기업의 오디오 부품 조립라인에서 일어난 문제이다. 라인 작
업의 멤버인 A군의 실수로 불량이 1개월간 급증하였다. M계장은 원
인이 A군이 수다 떨기를 좋아하기 때문에 작업 중 잡담이 원인이라
결론지었다. 그리고 매일 조회에서는 '잡담 금지!'라고 전 멤버에게
반복적으로 주의시켰다.

그 결과 작업 중 잡담은 줄었다. 그러나 불량은 그다지 줄지 않았

다. 불량이 발생하는 다른 원인을 발견할 수 없었기 때문에 M계장은 매우 곤란해졌다.

실제로 불량의 원인을 조사해보니 A군의 시력이 급격히 저하되어 작업 실수를 하게 된 것이었다. 즉시 안경을 쓰고 작업을 하니 한순간에 불량 문제가 해결이 되었다.

또 다른 예를 들어보면 철길에서 100m 정도에 떨어져있는 반도체 공장에서 불량이 어떤 특정한 시간대에만 나타나고 있었는데, 좀처럼 원인을 찾지 못하고 있었다. 설비와 근무태도에 집중하여 문제를 해결하려고 노력하고 있었는데, 좀처럼 해결되지 않고 있었다. 그런데 우연하게도 그 회사의 수위가 불량이 발생한 시간대를 보고는 열차 지나가는 시간과 일치한다고 말해 진동 때문에 불량이 난다는 사실을 알았다. 불량 문제는 무조건 사람이나 설비나 재료 문제라고 단정 짓는 경우가 많다.

엔지니어들은 모든 문제를 엔지니어링의 측면으로만 해결하려고 하는 경우가 많다. 그래서 그 전문성 때문에 실체를 발견하지 못하는 경우도 있다. 그 반도체 회사는 공장을 이전하는 데도 비용이 많이 들고 해서 여러 가지 아이디어를 냈으나 별로 효과가 없었다. 하지만 결국 정원사의 제안으로 열차의 진동을 흡수하는 인공 호수를 만들어 문제를 해결할 수 있었다.

사실이라든지 진심이라고 하는 것은 항상 가장 안쪽에 숨겨 있어 좀처럼 표면으로 나오지 않기 마련이다. 그렇기 때문에 외견이나 보여지는 것만을 받아들이다 보면 항상 본질의 문제에 직면하게 되어버린다. 그러므로 표면적인 문제의 파악이 아닌 본질적인 문제의 파악을 염두해 두어야 한다. 그렇지 않으면 계속 반복되는 문제가 다시 발생하게 되어 시간만 낭비하게 된다.

직장생활에서 항상 바쁘다고 자리에 앉아있을 여유조차 없는 사람은 단면만 바라보기 쉽다. 한쪽 면만 주시하지 말고 다른 방향에서 현상을 파악하고 실체와 본질을 주시할 필요가 있다. 현상의 실체를 파악하는 것이 쉬운 일은 아니므로 실체를 찾는 방법을 스텝화하면 쉽게 근본 원인에 접근할 수 있다.

삼원론이란 사물을 바라보고 분석할 때 현상, 실체, 본질이라고 하는 3단계로 나누어서 파악해보는 것이다.

첫째, 현상을 파악하는 단계이다.

실제로 눈으로 볼 수 있는 것, 만져볼 수 있고, 말로 듣는 등 오감으로 느낄 수 있는 단계에서의 파악이며 표면적인 파악이라고도 할 수 있다. 상대의 모습이나, 얼굴과 복장을 보면서 느낀 점으로 판단하는 단계이다.

둘째, 대상물의 정보를 조사해서 실체를 파악해 보는 것이다.

어떠한 사물의 현상이 만들어지거나 지지하는 요소에서의 파악으로 흔히 내용물, 조직이나 제도 등을 포함한다. 그 사람의 직장, 경력, 지위, 본인의 취미 등을 조사하여 실체를 파악하는 단계를 말한다.

본질이란 사물의 실체를 지지하고 있는 가장 중요한 핵심을 말하며 이것이 없으면 실체의 존재감이 붕괴된다. 그 사람이 가지고 있는 사상이나 가치관, 인생관, 성격을 파악해 보는 단계이다.

현상만 바라보면 훌륭할지 모르지만 실체는 그렇지 않다고 볼 수 있다. 더 나아가 그 사람의 철학이나 사상이 근본적으로 함께할 수 없는 사람일 수도 있다. 본질의 단계까지 접근해보면 다른 점을 쉽게 발견할 수 있을 것이다.

이와 같이 사물을 볼 때에는 현상, 실체, 본질적인 면을 다면적으로 볼 수 있는 안목이 필요하다. 왜냐하면 과제에 대한 올바를 대책을 세우고 근본적인 개선을 할 수 있기 때문이다.

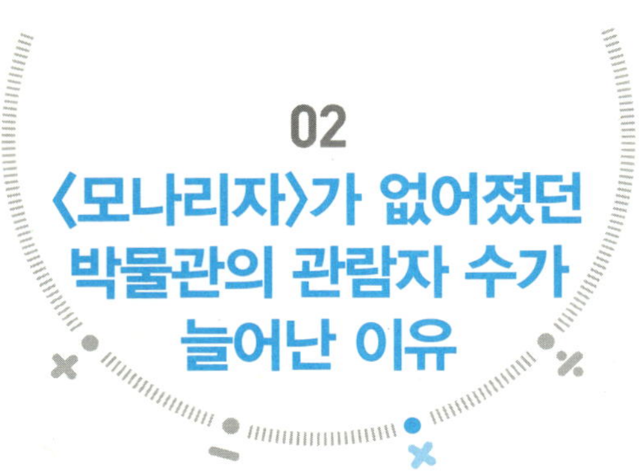

무슨 일을 하든지 그 일을 성공시키기 위해 사람에게 꼭 필요한 3H가 있다. 첫 자의 발음이 H로 시작하는 것인데 즉 '하겠다는 의지' '하고 싶다는 열정' '할 수 있다는 확신'이라는 것이다.

그런데 이와 같은 3H를 가지고 있더라도 문제 해결을 잘할 수 없는 경우가 있는데 이때에 필요한 것이 아이디어이다. 레오나르도 다빈치는 사고를 즐기고 새로운 것에 도전하고 몰두하기를 좋아했다. 그리고 보통 사람과 다르게 행동하는 것을 좋아했다. 양손으로 그림이나 글을 쓰고 거꾸로 글을 쓰는 것도 좋아했다. 그래서 그 글은 거울에 비춰보아야 읽을 수 있었다. 이렇게 행동하므로 생각도 남과 다르게 할 수 있었고 고정관념에 벗어난 예술 작품을 후대에 남길 수 있었다.

머리가 좋다는 것, 즉 아이큐가 높다는 것은 아이디어를 잘 낸다는 것과 반드시 일치하지는 않는다. 아이디어는 사고의 능력에서 나타나는 결과이다.

아무리 좋은 시스템이 있더라도 그 시스템을 활용하는 기술이 뛰어나지 못하면 그 시스템의 효과를 발휘할 수 없다. 시스템을 잘 활용하는 것이 사고의 영역이다. 사고란 어떤 일을 해결하기 위한 신중하게 탐색하는 과정을 말한다. 신중하게 탐색하는 과정을 배우면 문제를 빨리 해결할 수 있다.

아이디어 발상을 막는 벽을 제거하라

창조력 강화란 문제를 해결하기 위해 이미 알고 있는 경험이나, 지식을 해체하거나 결합하여 분해·결합의 속도와 강도를 높이는 활동이다. 문제 해결을 위해 분해, 결합의 정도에 따라 완전하게 낙망할 수밖에 없는 문제들도 생각하기에 따라서는 불행을 행운으로 바꿀 수도 있다.

1911년 레오나르도 다빈치의 명화 〈모나리자〉가 파리 루브르 박물관에서 전시되던 중 도난을 당했다. 박물관에서 그 빈자리를 다른 것으로 채우려고 하자, 한 여직원이 그대로 두고 도난 당한 자리를 강조하자는 아이디어를 냈다고 한다. 그러자 호기심과 안타까움으로 많은 사람들이 박물관에 몰려와서 〈모나리자〉가 걸려 있던 텅 비어버린 벽을 바라보았다. 그런데 놀라운 사실은 〈모나리자〉가 없어졌던 2년 동안의 박물관 관람자 수가 지난 12년 동안 박물관에 온 사람 수의 2배가 넘었다는 것이다. 관람료 수입이 급증하여 오히려 불행이 행운을 불러온 경우에 해당되었다.

한 동네에서 당나귀가 깊은 우물에 빠졌다. 농부는 슬프게 울부짖는 당나귀를 구할 도리가 없었다. 마침 당나귀도 늙었고 우물도 쓸모없어서 그대로 우물 속에 파묻으려고 했다. 농부는 당나귀를 그대로 매장하기 위해서 동네 사람들에게 도움을 청하였다.

동네 사람들은 제각기 삽을 가져와 흙을 파서 우물을 메워갔다. 당나귀는 우물 속에서 더욱더 울부짖었다. 그러나 조금 지나자 웬일인지 당나귀가 잠잠해졌다. 동네 사람들이 궁금해 우물 속을 들여다보니 놀라운 광경이 벌어지고 있었다. 당나귀는 위에서 떨어지는 흙더미를 털고 바닥에 떨어뜨렸다. 발 밑에 흙이 쌓이게 되고, 당나귀는 그 흙더미를 타고 점점 높이 올라오고 있었다. 그렇게 당나귀는 자기를 묻기 위한 흙을 이용해 무사히 그 우물에서 빠져 나올 수 있었다. 당나귀를 죽이려는 아이디어가 당나귀를 살리는 아이디어가 된 것이다.

이와 같이 유연하고 타성을 벗어난 아이디어 발상으로 제반 문제를 잘 해결할 수 있지만 실제로는 그런 아이디어를 내는 것이 쉽지 않다. 왜냐하면 우리의 내면 속에는 아이디어 발상을 막는 벽이 3가지나 있기 때문이다.

이 3가지 벽의 구체적인 내용은 아래와 같다.

문화의 벽

1. 틀에 박고 싶다. 틀에 박히고 싶다.
2. 조급하게 흑백 판단을 하고 싶어 한다.
3. 무엇이든 물어보는 것은 품위가 없다고 생각한다.
4. 추리와 논리만능주의

5. 공상에 잠기는 것은 시간의 낭비라는 관념

6. 경쟁과 협조의 과잉

7. 통계의 과신

8. 지식의 일반화

9. 지식의 과잉

인식의 벽

1. 상황 때문에 진짜 문제를 잘라버리지 못한다.

2. 다른 것 사이에서 공통점을 끄집어 낼 수 없다.

3. 자기가 만든 조건에 묶인다.

4. 주어진 조건을 놓친다.

5. 목적과 수단, 본질과 영향을 잘못 이해한다.

6. 감각기관의 치우침

7. 원인과 결과를 잘못 이해한다.

8. 표면상 비슷하니 같다고 생각한다.

감정의 벽

1. 틀리면 큰일, 바보로 취급당한다.

2. 비평가는 위대하다. 비평받는 것은 싫다.

3. 저 친구 이야기는 들으나마나다.

4. 초조하다.

5. 두렵다.

보다 나은 아이디어 발상을 위해 우리의 머릿속에서 3가지 벽을 허물고 없애는 것이 창의력 훈련의 첫걸음이다. 이러한 3가지 벽 이외에도 김빠지게 하는 말들이 새로운 아이디어를 자라지 못하게 하고 닥치는 대로 썩게 한다.

"이론은 그럴지 모르지만, 실제는 또 다르니까."

"이론은 좋으나 실행하기에는 어떨까?"

"그런 일은 이제까지 해본 적이 없다."

"그건 위에서 들어주지 않을 거야."

"그건 힘들어, 특히 이 회사에서는."

"다른 곳에서 실행해 본 적이 있는가?"

"다른 데서 한 결과를 보고하자."

"그 밖에 해야 할 일이 산더미같이 있어."

"비용이 너무 든다."

"예산이 없다."

"우리의 일은 또 특수하니까."

"바빠서 시간이 없다."

이와 같이 아이디어는 사고를 통해서 내면에서 밖으로 나타나는 것이다. 이것을 원활하게 하기 위해서는 밖으로 나오려고 하는 것을 방해하는 벽들과 환경을 제거해야 한다.

U턴식 사고로 기존의 관념을 깨뜨려라

기존 사고의 벽을 뛰어넘는 사고가 U턴식 사고다. '살을 빼기 위해 어떻게 하면 좋은가?'를 고민하기 시작하면 우선 먹는 것을 줄여야 된다고 생각한다. '줄이는 것이 아니라 많이 먹고 체중을 줄이는 방법이 없을까?'라고 생각하는 것이 U턴식 사고법이다.

식사 전에 먼저 물을 2컵 마시고 상추나 배추, 양배추를 된장에 배부를 때까지 마음껏 찍어 먹게 한다. 마음껏 먹으라고 하면 본능적으로 많이 먹지 않게 된다. 이미 물과 야채로 채웠으니 밥이 당연히 잘 먹히지 않는 것이다. 결국 채소를 많이 먹게 되니 지방이 빠지고 야채에서 나오는 기름기 제거 효소가 피 속의 기름기를 제거한다. 자연히 건강하고 멋진 몸매도 유지하게 되는 것이다.

고층 아파트의 엘리베이터 속도가 느려 한 개 더 달거나 빠른 것으로 교체해야 한다고 주민들이 강력하게 요구하였다. 워낙 예산이 많이 들어 시행이 늦어지고 있었는데 한 아이가 엘리베이터 안에 거울을 사방에 달자는 의견을 내어 실시를 해보았더니 짜증을 내는 사람들이 없어졌다.

거울을 달기 전에는 특히 주부들이 불평이 많았다. 그런데 거울 속에 비친 자신의 모습을 체크하게 되고 다른 사람과도 비교할 수 있게 되어 엘리베이터가 느리다는 불평불만이 없어졌다고 했다. U턴식 사고는 사물을 반대로 보거나 뒤집어서 또는 거꾸로 생각해보는 것이다.

즉 역전시켜 본다는 것이다. U턴식 사고는 발명이나 신제품 개발에도 중요하지만 불평불만이나 고질적인 문제를 해결하는 데도 매우 좋은 사고법이다.

공장 여직원이 무거운 물건을 들고 가다가 그것을 발에 떨어뜨려 발가락을 다쳤다. '이렇게 무거운 것을 왜 여자에게 시키는 거야!'라며 여기저기 불평하며 다녔는데 U턴식 사고를 하여 발가락을 다치지 않는 방법을 연구하기 시작했다. 신발의 앞코를 철판으로 하면 다치지 않을 것이라 생각하고 여직원이 안전화 제조회사를 차려 크게 성공을 하였다.

역 앞에 있는 음식점 주인에게는 한 가지 고민이 있었다. 음식점 주차장에 아침마다 자전거를 세워놓고 자물쇠로 채우고 가버리니 손님들이 주차장으로 이용할 수 없었다. '자전거를 세우지 마세요'라는 팻말을 붙여도 문제가 해결되지 않았다.

그래서 주인이 U턴식 사고법의 강연회에 참가한 후에 팻말의 글씨를 '자전거 버리는 곳, 마음대로 가지고 가세요'로 바꾸었더니 한 대도 자전거를 세우지 않았다. 이와 같은 U턴식 사고는 제안할 때나 분임조 활동을 할 때도 활용하면 문제를 쉽게 해결할 수 있다. 신제품 개발이나 자신만의 사업을 계획할 때는 그것 자체가 기밀이므로 앞서 언급한 3가지 벽을 타파하고 U턴식 사고를 활용하여 문제를 해결해 나가야 한다.

인터넷을 활용하여 공개적으로 아이디어를 구하라

요즈음은 인터넷을 활용하여 다른 사람의 아이디어를 쉽게 구할 수 있다. '기숙사 생활 중인 남자친구와 사귄 1000일을 기념하여 어떤 선물을 하면 좋겠느냐?'는 고민을 해결하기 위해 인터넷에 아래와 같은 내용으로 질문을 올렸다.

"약 70일 후면 남자친구와 1000일인데요. 택배로 선물을 보낼 생각인데 박스에 이것저것 넣어주고 싶거든요. 실생활에 필요하면서도 감동을 줄 수 있는 것이 없을까요? 기념일에 받았거나 주었던 좋은 아이디어 있으면 알려주세요."

이 내용에 대해 하루 만에 사이버 공간의 모르는 사람으로부터 아래와 같이 여러 가지의 아이디어를 구할 수 있었다.

이와 같이 인터넷에서 얻은 그 내용들 살펴보면 한 사람이 도저히 생각해 낼 수 없는 재미있는 내용들이 순식간에 자신에게 전달된다.

따라서 필요에 따라서는 공개적으로 아이디어를 구하는 방법을 활용해도 크게 도움이 된다. 여기에 아이디어를 제공하는 사람에게 경품이나 상금을 제공하면 더 많은 양의 아이디어를 구할 수 있다.

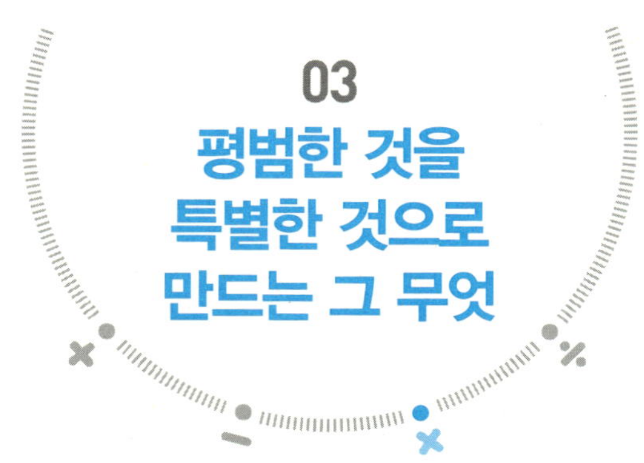

하나의 아이디어로 큰 업적을 내게 되는 경우가 많이 있다. 아사히 맥주는 매년 육류 소비량이 늘어나는 일본 국민들의 식생활을 관찰하여 기름기를 씻어주는 맥주인 슈퍼드라이를 개발하였다. 9.8%의 시장 점유율을 40%대로 올리는 데 성공하였다.

성공하는 기업들에게는 평범한 것을 특별한 무엇으로 만드는 다른 것이 있다. 다른 무엇을 만드는 단 하나의 지름길은 아이디어이다. 물론 그 아이디어가 모두 좋았다거나 효과가 있었다는 뜻은 아니다. 어떤 것은 너무 비용이 많이 들고, 또 어떤 것은 이미 시도해 본 적이 있을 수도 있다. 아이디어는 우리의 삶이 더 나아지도록 만드는 독창적이고 창조적인 요소이다.

따라서 창조력을 늘리기 위해서는 아이디어를 내는 방법을 아는 것이 매우 중요하다. 그리고 아이디어를 내는 방법은 여러 가지가 있지만 대표적이고 가장 많이 사용하는 방법이 브레인스토밍법이다.

이 방법은 대부분의 사람들이 잘 알고 있는 방법이지만 그 활용법에 들어가면 브레인스토밍이 가지고 있는 특성을 잘 살리지 못하고 있는 경우가 많다. 브레인스토밍의 기본에 관한 것과 실제 적용에 있어서의 문제점을 제시한다. 그 해결 방안을 제시하므로서 창조력 개발과 창조력을 늘리는 데에 도움을 주고자 한다.

모든 산업의 뒤에는 아이디어를 가졌던 사람들의 공헌이 존재한다. 사업가이자 자연주의자인 클레런즈 버즈아이라는 래브라도 반도에서 질 좋은 모피를 위해 사냥을 하다가 좋은 정보를 얻게 되었다. 영하 8~10도 정도의 강한 겨울 바람 속에서 사냥을 위해 급속하게 얼린 생선이 봄이나 가을에 얼린 음식보다 더 맛이 좋다는 사실이다.

그는 그 이유가 궁금했다. 알고보니 급속히 얼린 쪽의 조직은 촘촘하게 빈틈이 없었지만, 천천히 얼린 쪽은 큰 얼음 결정 같은 것들이 보이는 엉성한 조직을 갖고 있었다. 해동될 때 거기서 즙과 물이 새어나와 생선이 가진 고유의 맛을 잃어버리는 것이다.

그때 얻은 아이디어를 활용해서 그는 어류 도매업에 뛰어들게 되었다. 일상에서 발견한 아이디어를 근간으로 모피 회사를 접고 냉동 회사를 차렸다.

그의 아이디어는 오늘날까지도 우리의 식생활을 즐겁게 하고 있으며, 냉동 관련 업종에서 많은 일자리를 만들어내고 있다. 가전회사에서는 냉장고를 만들게 되고, 냉동식품회사에서는 냉동 재료를 공급하고, 가공회사는 냉동식품을 만들어 팔게 되고, 소비자는 냉동식품을 사서 먹게 되므로 아이디어 하나가 많은 사람들을 유익하게 만드는 예이다.

이처럼 작은 아이디어들이 발전되면 세상의 모든 사람들을 이롭게 한다. 또한 이런 작은 아이디어들이 획기적인 아이디어로 진화하여 한 기업을 크게 일으키기도 한다. 좋은 아이디어는 이익을 낳는 좋은 재료이다. 그 재료의 배합에 따라 새롭고 놀라운 성과를 창출할 수 있다.

다르게 말하면 아이디어를 내지 못하는 기업은 경쟁사에 비해 새로운 것을 생각해내지 못해 손해를 보고 있다. 우리는 아이디어를 너무 늦게 생각하여 손해를 보고, 아이디어가 지닌 잠재력을 충분히 발전시키지 못해 손해를 본다. 그리고 아예 아이디어에 대한 개념이 없이 모방만 하다가 새로움에 도전하는 기업에 비해 상대적으로 손해를 보는 경우도 많다.

단순하든 복잡하든, 크든 작든 상관없이 사람들이 지녔던, 또는 지니지 못했던 아이디어들은 개인과 기업의 경쟁력의 차이를 만들어왔다. 세계는 아이디어를 가진 자들에 의해 리드당하게 된다. 사람들 간의 재력의 차이는 대부분 아이디어의 차이다. 아이디어는 경쟁력의 어떤 다른 무기보다 훨씬 더 강력한 무기다. 이 아이디어를 폭풍우처럼 폭발적으로 거침없이 생산해 내는 기법이 브레인스토밍 기법이다. 브레인스토밍은 우리에게 자발적이고 거침없는 발상의 중요성을 가르쳐 준다.

브레인스토밍은 사람들에게 어떻게 하면 새롭고 중요한 아이디어를 낼 수 있는지를 쉽게 체험하게 한다. 덤프 트럭이 공사 중에 후진하다가 낮은 다리 밑의 틈 사이에 꽉 끼었다. 주위의 어른들은 다리를 부분적으로 부수거나 트럭 윗부분을 절단해야 한다는 등의 아이디어로 토론하고 있었다. 그때 그 모습을 유심히 보고 있던 초등학생이 "타이어 바람을 빼면 되잖아요"라고 소리쳤다.

어른들은 고정관념과 자신의 머릿속에서 그려진 틀을 깨뜨리지 못한다. 하지만 아이의 순수한 사고에서 매우 간단한 답을 발견할 수 있다. 브레인스토밍의 여러 규칙이 있는데 그 규칙 중의 하나가 '자유분방한 발상'이다. 이 아이는 어른들과는 달리 틀에 매이지 않고 자유분방한 상태에서 낸 아이디어 이다.

브레인스토밍은 1941년 BBDO^{Batten, Barton, Durstin and Osborn} 광고 회사의 알렉스 F. 오즈본이 광고에 대한 아이디어를 내기 위해 고안한 일종의 회의 방식이다.

고객에게 환영받는 광고가 되기 위해서는 기발한 아이디어를 내는 회의가 필요했다. 어느 분야보다 광고 비즈니스는 아이디어가 생명이다. 오즈본은 부정적이고 다른 사람의 아이디어를 즉시 비판하는 회의 방식을 고쳐야 되겠다고 생각했다. 오즈번은 거의 모든 회의가 아이디어에 대해 부정적으로 바라보고 말하는 '그것은 아니야!'에 끌려다닌다는 사실에 주목했다. 새롭게 제안된 아이디어들은 나오자마자 비판대에 올려서 참가한 사람들이 자신의 지식과 경험 측면에서 다르면 무조건 틀리다고 몰아붙였다. 이 사실을 잘 알고 있는 실력 있는 아이디어맨들은 하나같이 침묵했다. 이러한 분위기를 쇄신하는 방법을 창안해 내지 않으면 경쟁사에 뒤질 수 밖에 없고, 광고 내용이 어필되지 못해서 고객이 떠나갈 수밖에 없다고 생각했다.

그는 저서 《독창력을 신장하라》를 통해 브레인스토밍에 대해 소개하였다. 브레인스토밍에서 brain은 '두뇌' storm은 '폭풍'이라는 뜻으로, 정신병자의 갑작스런 발작을 가리키는 의학용어이지만, '두뇌에 폭풍을 일으켜서 문제를 해결하는 기법'을 뜻한다. 이 기법은 아이디어의 발상과 평가를 철저하게 분리한다. 제안된 아이디어에 대해서 비판을 하지 않고 '적극적 경청' 혹은 '자유로운 발상'을 할 것을 강조한다.

아이디어 발상 회의에서는 참가자 전원이 두뇌에 폭풍을 일으켜 창조력을 자유자재로 구사하여 다각도에서 문제를 바라보고 문제 해결의 아이디어를 내게 하는 방법이다. 아이디어 발상의 분위기가 형성되면 마치 몰아치는 폭풍과 같이 아이디어가 쏟아지므로 이와 같은 명칭을 붙인 것이다.

브레인스토밍은 회사의 개선팀이나 연구소의 신제품 개발 초기에 사용되는 아이디어 창출 기법이다. 집단의 효과를 살리고 아이디어의 연쇄반응을 불러일으킨다. 자유분방하게 '질質'과 관계없이 가능한 한 많은 아이디어를 생성함으로써 '양에서 질이 발생한다'는 원리를 이용한다. 그 원리를 통해 문제 해결책이나 개선안을 찾기 위한 방안으로 사용한다.

이것은 일상적인 사고 기법이 아니라, 자유롭게 생각하도록 격려하기에 좀더 다양하고 우수한 아이디어를 얻는 방법이다. 여러 가지 창조적 발상 기법 중에서 확산 기법을 적용하는 자유 연상법에 속한다.

처음에는, 브레인스톰이라고 불렸다. 하지만 후에 한 사람 한 사람이 같은 목적을 갖고 돌진하는 특공대처럼 극도의 긴장 상태의 브레인에서 스톰 즉 '폭풍'과 같은 발상을 하게 되므로 '브레인스토밍'으로 수정되었다. 브레인스토밍은 발상 기법이라기보다는 발상하기 쉽게 만드는 사고 방법으로 '발상법의 발상법'이라고도 할 수 있다. 간단하고 효과가 있는 장점 때문에 보급 속도가 매우 빨랐다.

브레인스토밍의 4가지 법칙

어떤 발상을 할 때 브레인스토밍의 사고 방법인 4가지 법칙을 머릿속에 넣어두고 활용하면 좋은 결과를 얻을 수 있다. 일종의 아이디어 발전소의 법칙이다. 개인 및 집단 양쪽에 모두 활용할 수 있는 장점이 있다.

이 기법은 다음과 같은 경우에 활용할 수 있다.

- 문제에 대한 가능한 아이디어를 모두 찾으려 할 때
- 문제의 해결책을 기존에서 벗어나 찾으려 할 때
- 아이디어의 실행을 위해 시간에 따라 구분하고자 할 때
- 막연한 문제 해결을 위해 틀을 세우고자 할 때
- 창조력 개발 교육을 시키려 할 때
- 개선 방안을 찾으려 할 때
- 회의 진행이 정체되었을 때

브레인스토밍을 실행할 때는 주의해야 할 사항이 있다. 많이 사용되는 기법이기는 하나 만능은 아니기 때문이다. 우선 브레인스토밍은 광범위하거나 연관 관계가 복잡한 문제일 경우에는 사용하기에 적합하지 않다. 단순하고 명료한 문제에만 사용해야 한다. 또한 문제의 성격상 시행착오를 거쳐야 하는 상황일 경우에는 단계별로 끊어서 구분하여 아이디어 발상을 해야 한다.

제1법칙 — 자유분방

'자유롭고 편하게 생각하라'고 해도 실제로는 어떻게 해야 할지 몰라 우왕좌왕하게 마련이지만 아이디어를 발상할 때 매우 중요한 자세이다.

우스꽝스럽거나 현실적이지 않은 아이디어라 할지라도 모든 아이디어를 환영한다. 엉뚱한 아이디어일수록 더 좋다는 분위기를 만들어야 한다. 자유분방한 상태에서 나온 아이디어는 색다른 시각으로부터 아이디어를 내므로 특허와 연결되는 때가 많다.

제2법칙 — 비판 엄금

기발한 아이디어일수록 아이디어가 나오자마자 사람들은 비판하고 싶어 한다. 그 비판의 강도가 강하면 그 다음부터는 아이디어 발상에 참여하지 않는다. 그러나 남의 아이디어를 비판하지 말고 경청하는 자세를 가지라는 의미이다. 기발하고 많은 양의 아이디어를 창출하기 위해 평가는 다음 단계에서 이루어지므로 아이디어에 대한 비판은 별도의 평가단계에서 하면 된다.

제3법칙 — 질보다는 양 추구

비판하지 않고 아이디어를 내는 분위기가 되면 폭풍우처럼 아이디어가 쏟아지고, 아이디어의 양이 많아지면 당연히 질은 높아진다.

제4법칙 — 결합 개선

기존의 정보나 타인의 아이디어를 조합시킨다는 법칙이다. 아이디어의 양이 많아지면 타인이 낸 아이디어에 쉽게 편승할 수 있게 된다. 타인의 아이디어에 편승하면 더 많은 아이디어가 나온다.

자신의 아이디어를 내놓으려고 노력한다. 뿐만 아니라 남의 아이디어를 어떻게 더 개선할 수 있는지, 다른 아이디어와 결합할 수 있는지 생각하다 보면 제안의 건수가 많아진다.

팀 단위로 브레인스토밍을 할 때

팀이 브레인스토밍을 실행하기 위해서는 사전에 다음의 몇 가지가 준비되어야 한다.

- 기록원 1명. 반드시 팀원일 필요는 없다. 나오면 신속하게 기록해야 한다. 기록원이 많으면 아이디어 편승에 방해된다.
- 컬러펜(적, 청, 흑)
- 모조지
- 시계
- 아이디어 기록 용지

인원이 많으면 리더의 관심이 미치지 못하고 집중하지 못한다. 가장 중요한 것은 아이디어를 낼 수 있는 사람을 잘 골라야 한다. 적임자를 뽑는 일은 아이디어 발상에 대해 성과를 얻는 결정적인 부분이므로 신중하게 해야 한다. 일반적으로 아이디어는 지식과 경험으로 사고력의 차이에 따라서 낼 수 있는 사람과 그렇지 못한 사람과 구별된다. 그래서 그 문제에 경험이나 지식이 많고, 발상력이 있는 사람들이어야 한다.

가장 바람직한 것은 서로 만났을 때 자유롭게 융합을 일으키는 사람들로 구성하는 것이 좋다. 해당 과제와는 아무 관계없는 사람도 2~4명 참가시키면 전혀 새로운 발상을 위한 힌트의 아이디어를 얻을 수 있다. 특히 여성들을 회의에 참석시키면 남성 참가자들을 효과적으로 자극하여 더 많은 아이디어를 내놓게 할 수 있다.

브레인스토밍은 리더의 리더십 성패를 좌우할 수 있다. 아이디어 발상 원칙에 따라 참가자들에게 의존하는 방법이기는 하나, 리더의 회의 운용 방법에 따라 그 결과가 크게 달라질 수 있기 때문이다.

초기 발언자는 머리가 유연하고 아이디어를 잘 내는 사람을 미리 선정하여 발언의 불을 지피는 역할을 하게 사전에 기획하는 것도 중요하다.

성공적인 브레인스토밍을 준비하는 첫 단계에서 중요한 점은 공략할 문제의 선택이다. 문제의 선택에 대한 중요성은 아무리 강조해도 지나치지 않는다. 예를 들어, '우리 주유소의 휘발유 판매 증대를 가로막는 장애물은 무엇인가?'라는 것을 브레인스토밍한다고 하자.

그 결과 서투른 주유판매원, 더러운 화장실, 재미없는 광고 등 백여 개의 답들이 나왔다고 할 때, 그 아이디어 중 지금 시점에서 공략할 문제를 그 가운데 선택한다. 그리고 선택된 과제를 가지고 다시 브레인스토밍을 한다. 그 과제에 대해 아이디어가 충분하게 나왔으면 또 다른 남아 있는 과제를 가지고 아이디어 발상을 한다.

실제적으로 하나의 큰 과제를 해결하려면 수많은 작은 과제들이 연결되어 있기에 작은 연결 문제들을 해결하여야 문제를 풀 수 있다. 그러므로 연속적이고 반복되는 발상 회의가 계속되어야 제대로 문제를 해결할 수 있다.

철학적, 사상적 판단을 요하는 문제는 브레인스토밍의 대상이 되지 못한다. 판단이 보류되고 비판이나 평가가 금지되는 것은 아이디어가 산출되고 발전되는 과정에서 매우 중요하다. 브레인스토밍을 처음 하는 사람들과 회의를 할 때는 앞서 말한 브레인스토밍의 4가지 규칙에 대해 잘 설명해 주어야만 한다. 논리적인 판단이나 비판이 비논리적인 창조적 정신을 완전히 활동하지 못하게 잡고 있기에 4가지 규칙이 필요한 것이다.

아이디어를 내기 전에 아이디어 용지에 미리 5~10매 정도 적게 한다. 그리고 적은 것을 하나씩 읽으며 멤버 전원이 듣게 한다. 이때 위의 4가지 규칙을 계속 준수하도록 한다. 브레인스토밍 회의는 상대를 바라보는 시간이 아니며, 자신의 두뇌에 폭풍을 일으키게 해야 한다.

아이디어를 폭풍처럼 일으켜 상대에게도 영향을 주고, 다른 사람의 아이디어에도 편승하는 것이다. 아이디어를 내는 단계에서는 상대의 아이디어에 찬물을 끼얹거나 결점을 들추어서는 안 된다.

리더는 상대의 아이디어를 평가하거나 비방하는 일이 일어나지 않게 사전에 차단하는 형사 역할을 해야 한다. 의장은 참석자들에게 아이디어 연쇄반응 위해서 다른 사람의 아이디어에 힌트를 얻거나 편승하는 것을 장려해야 한다. 편승하는 것은 비열한 것이 아니라 아주 정당하다는 점을 확실히 해두어야 한다.

멤버들은 서기가 적는 타인의 아이디어에 편승한 아이디어가 생각나면 자신의 아이디어 용지에 기록한 후에 발언한다. 기록원은 유사하더라도 모조지에 그대로 기록한다.

같은 이미지의 아이디어를 그룹으로 묶어서 그룹핑한다. 그룹핑 된 아이디어에서 대표되는 아이디어들을 추출한다. 그리고 그 아이디어를 다시 수정 보완한다. 브레인스토밍으로 수집된 아이디어들 중 좋은 것들을 골라내고 그것들을 그룹핑 하고 다시 수정하여 실행에 옮길 수 있도록 아이디어를 세련화시켜야 한다.

아이디어를 세련화시킬 때는 아래의 관점에서 검토해보면 도움이 된다.

- 부가가치를 증대시키거나 질의 개선을 가져올 것인가?
- 좀 더 능률적으로 인력을 이용하도록 하는가?
- 운용 방법, 보존 방법, 제조 방법을 개선하는가?
- 현재의 도구보다 개선된 것인가?
- 불필요한 업무를 제거하는가?
- 원가 절감을 가져오는가?
- 현재의 방법을 개선하는가?
- 일하는 조건을 개선하는가?

[8단계] 그룹핑 된 후 세련화된 대표 아이디어를 4단계로 나누어 평가한다.

즉시 실행 가능, 3개월 내 실행 가능, 6개월 내 실행 가능, 그 이상 걸리는 내용으로 구분하여 아이디어에 대한 평가를 한다.

평가를 위해 브레인스토밍에 참여했던 사람 전체가 참여할 필요는 없다. 가장 뛰어난 3~4명 정도로 위원회를 만들어 그들에게 판단 작업을 수행하게 하는 것이다. 브레인스토밍 과정에서 평가 부분이 제일 중요하다고 할 수 있다.

다이아몬드와 같은 아이디어를 많이 발상했는데 평가하는 사람이 제대로 평가하지 않으면 사장되고 마는 것이다. 그러므로 평가하는 사람은 상식, 경험, 건전한 사업적 판단력이 있는 사람이 해야 한다.

아이디어를 평가하고 감정하는 사람은 풍부한 경험과 변화와 혁신을 좋아하고, 낡은 것으로부터 새 것을 추구하며 비실용적인 것으로부터 실용적인 것을 찾을 수 있고, 불가능한 것으로부터 가능한 것을 구분할 수 있는 판단력이 있는 사람이어야 한다.

아이디어를 선발하고 나면 해결책을 더 조사해야 하는가, 전에도 비슷한 해결책이 시도된 적이 있는지도 찾아봐야 한다. 또한 철저한 검증을 위해 시험 샘플을 만들 필요가 있는가도 결정해야 한다.

평가가 완료되고 나면 다음 단계는 회사의 대표에게 보고하여 실행 승인의 절차를 밟아야 한다. 그래야 즉각적으로 그 아이디어가 실행을 위한 부서로 아이디어를 내려 보낼 수 있다. 그리고 그 아이디어가 실행되어 성과를 내었을 때는 신속하게 성공 사례를 공유하고 아이디어를 낸 사람과 실행한 사람에 대해서 포상과 함께 칭찬을 해주어야 한다.

리더는 참가자들이 브레인스토밍의 방법과 원칙을 확실히 알고 임할 수 있도록 철저히 지도한다. 그리고 브레인스토밍 방법을 익히고 효과를 극대화하기 위해서는 지속적으로 체험해 보아야 한다.

우선 작은 테마에 대해 발상 실습을 해보고 반복해서 연습해보면 점점 능숙하게 된다. 그 후에 더 큰 주제를 선정하여 실시해보면 좋은 성과를 얻을 수 있다.

인원이 적을 때는 리더가 기록원의 역할을 병행해도 좋다. 그리고 리더는 해결하려고 하는 문제를 상세하게 잘 설명한다. 비록 브레인스토밍의 규칙에 대하여 잘 알고 있더라도 멤버들에게 다시 주지해 주어야 한다. 그리고 팀원이 문제에 대한 아이디어를 내는데 집중하도록 독려하고 4가지 규칙이 잘 지켜지고 있는지 감독해야 한다.

아이디어가 잘 나오지 않을 때는 리더가 먼저 아이디어를 내어 불을 지피는 역할을 해야 한다. 아이디어가 지엽적으로 흐를 때는 그 방향을 전환하도록 유도하여 여러 방면의 아이디어를 내도록 해야 한다.

아이디어가 막혀 잘 나오지 않을 때에는 적당한 질문을 하여 회의가 활기를 띄도록 해야 하므로 사전에 질문 목록을 다양하게 준비한다. 다음과 같은 질문 목록 체크리스트도 활용할 수 있다.

질문 목록 체크리스트

- 다른 방법을 말해 보세요.
- 응용하면? (이것 외에 다른 것은 없을까?)

- 수정하면? (의미, 색, 동작, 향기, 맛, 형태 등을 바꾸면 어떨까?)
- 확대하면? (다른 요소를 더하면? 덧붙일 수 있는 것은?)
- 대치하면? (대신할 사람·물건·장소는?)
- 재배열하면? (계획을 바꾸면? 속도를 바꾸면?)
- 결합하면? (혼합시키거나 섞으면? 용도를 합하면? 아이디어를 결합하면?)
- 거꾸로 하면? (뒤집으면?)

필립스의 고객은
남자가 아니다

　문제의 정의를 가장 알기 쉽게 내려보면 '기대치와의 차이'다. A라는 회사의 제품 수준이 경쟁사와 차이가 있는 것도 문제요, 현재는 세계 최고의 제품이지만 미래의 기대치와의 갭도 문제라고 할 수 있다. 이러한 문제들을 해결하기 위해 수많은 분야에서 전문가들이 머리를 싸매고 밤을 세우기도 하고, 타사의 사례에서 아이디어를 얻기도 한다. 문제의 형태는 현재에 발생한 문제뿐만 아니라 과거의 남아 있는 문제나 미래의 다가올 문제도 기업이 해결해야 할 과제들이다.

　창조적 발상을 하기 이전에 발상의 대상이 되는 문제 자체에 대하여 진정한 문제인지 재정의해 볼 필요가 있다. 붕어빵에는 붕어가 없다. 겉모양만 붕어 형태를 취하고 있다. 그런데 붕어가 들어간 것처럼 착각하기도 한다. 우리 사회는 겉으로 포장된 것만 보고 그것이 전체인양 착각하고 사는 경우가 많다. 악어는 다른 먹이를 잡아 먹을 때 눈물을 흘린다. 잡아먹히는 동물이 불쌍해서 눈물을 흘린다고 생각하면 곤란하다. 눈물샘의 신경이 입을 움직이는 신경과 연결되어 있어 먹이를 씹을 때 눈물샘이 자극 되어 저절로 눈물을 흘리는 것이다. 이러한 악어의 눈물을 크로커다일 티어스crocodile tears 즉, 위선적인 눈물이라고 한다.

그리고 문제를 발견하는 방법과 문제를 해결하는 프로세스에 대해 잘 알고 해결해야 한다. 문제 해결 방안이 잘 생각나지 않을 때에는 단계를 나누고 단계별로 생각해보면 쉽게 해결되는 경우가 많다.

문제를 재정의하라

일본에서 가장 권위 있는 경영 컨설턴트를 양성하는 5개월 합숙과정에 참가한 적이 있다. 총 20주간 교육을 받는데 15주간은 문제 발견과 해결을 위하여 강의실에서 강의와 사례 연구를 한다. 그리고 4주간은 직접 회사를 방문하여 첫 2주는 담당 회사의 경영상 문제를 발견한다. 두 번째 2주째는 발견한 문제를 해결하는 아이디어를 내어 보고서를 만들고 그 회사 간부들이 보는 앞에서 문제점과 개선 대책에 대하여 발표를 한다.

마지막 1주는 글로벌적인 문제 해결을 하기 위해서 베트남에 진출한 일본 기업을 직접 방문하여 해외 현지 사업장의 문제의 발견과 해결 방안에 대하여 정리해 발표하면 교육이 종료된다. 그때 경험한 바에 의하면 세상에는 참으로 많은 문제가 있으며 또한 기업마다 처한 문제점이 달랐다. 하지만 그것을 문제의 패턴별로 구분하면 구분한

범위 안의 영역에 전부 들어가게 되어 해결 방법을 쉽게 발견할 수 있었다.

그 당시 사례 연구를 할 때 지도 교수가 아래와 같은 문제를 수강생들에게 질문했다.

"같은 조건의 집 A, B가 있고 체격이 같은 이 씨와 김 씨 두 사람이 같은 도구를 이용해서 굴뚝 청소를 하였다. 그런데 청소를 마친 뒤 두 사람의 모습은 완전히 달랐다. 이 씨는 지저분했고, 또 김 씨는 비교적 깨끗했다. 누가 먼저 목욕탕에 들어갔을까?"라는 문제였다.

답을 말해보니 반반씩 의견이 나누어져 있었다. 수강생의 반은 오염되지 않은 김 씨가 먼저 들어간다고 했다. 그 이유는 이 씨를 보니 지저분해 자기 자신도 그럴 것이라고 생각되어 먼저 들어간다는 것이다. 나머지 반은 이 씨가 먼저 들어 간다고 하는 의견인데, 그 이유는 이 씨가 더 청결의식이 강해서라고 했다.

수강생들 모두 문제를 해결하는 쪽으로만 생각하여 의견이 분분했다. 그러나 잘 생각해보면 똑같은 조건의 집도 같은 체격을 가진 사람도 존재할 수 없으므로 문제 자체가 잘못된 것이었다.

강사의 코멘트는 '문제를 명확히 재정의해 보지 않고, 바로 문제를 풀려고 달려들어 틀린 문제를 해결하려고 매달리는 컨설턴트가 되지 말라는 교훈'이었다. 우리는 어떠한 현상을 보고 판단할 때 뒤쪽에 숨어있는 사실을 잘 볼 수 있는 지혜가 필요하다.

재정의는 각 회사의 업의 개념을 정의할 때도 중요한 역할을 한다. 한 농약 회사가 신사업을 진출하기 위한 검토를 할 때 자사의 사업에 대한 업의 개념을 재정의했다. 농약의 기능에 대해서 정의해보면 '벌레를 죽인다'라고 할 수 있다. 그러나 과연 농약의 기능이 벌레를 죽이는 것뿐일까?

농약의 본질적인 기능을 보다 더 넓게 정의해보면 '농작물을 잘 성장하도록 한다'라는 것일 수 있다. 이 기능에 착안한다면 자사의 농약 제조 기술을 기반으로 신사업에 진출할 때 종합적인 식품 사업이나 바이오 산업으로의 사업 확대가 가능한 것이다. 이와 같이 업의 개념을 정의할 때도 '어느 기능에 착안하느냐'에 따라서 회사가 나아가야 할 신제품 신사업의 전개 방향이 달라지는 것이다.

중국의 모택동이 주석으로 있을 때 벼를 많이 수확하는 것이 큰 관심사였다고 한다. 그런데 '참새가 늘어나 곡식을 먹어 치워 수확량이 줄어들고 있다'라는 보고를 듣고, 중·고등학생들을 동원해서 참새를 잡으라고 명령을 내렸다. 그 결과 참새 수는 줄어들었는데 수확량이 예전보다 더 줄어들었다.

그 원인을 알아보니 그동안 참새가 벼만 까먹은 것이 아니라 벼에 나쁜 영향을 주는 곤충들까지 잡아먹었던 것이다. 그런데 참새가 없어지자 곤충이 늘어나 더욱 많은 피해를 주었다고 했다. 수확량이 줄어드는 것을 방지하는 대책은 좋았다. 하지만 그 대책의 시행에 따른 새로 발생하는 문제를 고려하지 못한 경우라고 할 수 있다.

기업에서도 문제를 해결하기 위해 여러 가지 대책을 세우지만 그 대책의 시행에 따른 또 다른 문제가 발생하는 경우가 많다. 예를 들면 기업이 어려워지면 인건비를 줄이기 위해서 강제로 퇴직을 시키거나 명예퇴직을 강압적으로 실시하게 된다.

구조조정을 한 후 남아있는 사람들도 언젠가는 '나도 퇴직당하겠구나!' 생각하고 회사에 대한 애사심이나 충성도가 떨어져버리는 경우가 발생한다. 경영자가 남아있는 당신들과는 평생 같이 일하겠다고 공헌하더라도 직원들은 그 말을 믿지 않는다.

도요타가 세계 최고가 되는 요소 중의 하나가 직원들이 한 번 입사하면 평생 이 회사에서 함께하겠다는 생각을 들게 하고, 회사가 믿음을 주기 때문이다. 정년도 타사보다도 더 길게 연장시킨다. 나이 들어 힘든 일을 할 수 없을 때 해외 공장이나 외주 공장을 지도하게 하거나 후배들을 양성하는 요원으로 근무하게 한다. 특히 사람에 관한 사항은 시간을 충분하게 가지고 검토하여 시행한다. 잘하려고 바꾸는 것이 더 못하게 되지 않는가를 시간을 두고 체크한다는 것이다. 도요타처럼 인간 중시의 경영을 잘하는 회사도 있지만, 경영 환경의 변화에 따라 과거에는 장점이라고 생각했던 것이 현재에는 문제로 바뀌는 경우도 있다.

마쓰시다 전기의 경쟁력의 근원은 타사에 비해 판매점이 많은 것이었다. 그러나 IT가 발달된 요즈음은 많은 판매점이 경쟁력을 약화시키는 문제로 대두되고 있다. 업무용 차량도 그동안 기업에서 직접 구입하여 관리 요원을 채용하여 관리하는 것이 효율적이었다. 하지만 렌털업이 발전함에 따라 렌터카를 쓰는 것이 더 경비를 줄이는 시대가 되었다. 직접 구입하여 관리하는 기업이 그렇지 않은 기업보다 더 코스트가 많이 들어가게 되는 시대이다.

기업에서도 환경의 변화에 따라 문제의 정의가 바뀌는 일이 비일 비재하다. 한 부서의 이기주의 때문에 그 부서에는 이익이 되지만 회사 전체로는 큰 손실을 입히는 일도 있다. 인건비를 줄이려는 목적으로 무조건 사람을 줄이다보니 고객 대응이 충분치 못해 거꾸로 고객 불만의 원인이 되기도 한다.

학생 시절부터 시험문제를 받아서 문제를 푸는 데 익숙하여 문제의 진위 여부에는 관계없이 문제를 먼저 풀어보려고 접근하게 된다. 문제를 풀려고 노력하기 전에 먼저 '이것이 진정한 문제인가?'를 재정의해 보아야겠다. 경영학에는 정답이 없다. 상대적으로 그 환경하에서 보다 나은 안이 있을 뿐이다. 따라서 문제를 재정의하여 참 문제를 발견하고 그 문제에 대해 최선의 해결책을 찾아야 성과가 있는 결과를 얻을 수 있다.

문제를 단계적으로 나누어라

앞에서 언급했듯이 인간은 태어나자마자 수많은 문제에 부딪친다. 그 문제를 해결하기 위해 다른 사람의 힘을 빌리기도 하고, 아이디어를 직접 내서 해결의 기쁨을 맛보기도 한다. 최근 국내 유수 기업, 고급 공무원 시험, 컨설팅 회사의 입사 시험에서 어떻게 창조적으로 문제를 해결할 수 있는지 여부를 측정하는 문제가 논술식으로 자주 출제된다.

예를 들면 '한라산을 백두산으로 옮기고, 백두산을 한라산으로 옮길 수 있는 방법을 나열하고 각각의 장단점을 비교해보라'라는 문제도 자주 나오는 문제이다.

또 대기업 입사 시험에는 다음과 같은 문제가 나온 적이 있다.

"한 청년이 거센 폭풍우가 몰아치는 밤길에 2인승 승용차로 운전을 하고 있다. 그런데 산속에 있는 버스 정류장을 지나치면서 죽어가는 할머니와 그 청년의 생명을 구해준 적이 있는 의사, 청년이 사랑하지만 한 번도 고백하지 못한 여인이 버스를 기다리고 있는 것을 보았다. 기상 이변 때문에 언제 버스가 올지 모른다. 차에는 단 한 명만 태울 수 있다. 누구를 태울 것인가?"

대부분의 사람들은 죽어가는 할머니를 먼저 태워야 한다고 답한다. 어떤 사람은 할머니는 이왕 죽을 것이니 살 날이 많은 여인을 먼저 태워서 사랑을 이루어야 한다고 답하기도 한다. 대부분의 사람들은 운전사인 청년은 바꿀 수 없으니 한 사람을 누구로 태울 것인가에 초점을 맞추어 문제를 풀려고 한다.

입사 시험에 합격한 사람의 답은 '자동차 키를 의사에게 주고 할머니를 병원으로 모셔가라 하고, 자신은 짝사랑하는 여인과 함께 걷는다'였다.

그러면 할머니의 생명도 건지고 사랑하는 여자와 시간을 보낼 수 있어 일석이조의 문제 해결 방식이다. '타성에 젖은 사고를 깨지 않으면 문제를 해결할 수 있는 아이디어는 나오지 않는다'는 교훈을 주는 이야기이다.

현대 자동차가 금형 제작 기간을 대폭 개선하여 신제품 개발 기간이 획기적으로 단축되었다. 종래에는 금형 제작 기간이 길어서 시작

금형을 임시로 만들었다가 다시 양산 금형을 만들었다. 금형 제작기간이 긴 이유는 설계대로 만들면 제작 과정 중에 변형이 일어나는데, 그 변형의 요인이 너무나 많아서 제작하면서 수정하다 보니 시간이 많이 걸리게 되는 것이다. 이러한 문제를 해결하기 위해서 제반 문제를 나열해보니 어디서 손을 대어야 할지 문제가 산더미처럼 많았다.

그래서 각 공정별로 구분해서 단계를 나누어서 문제를 다시 생각했다. 그리고 작업자가 경험적으로 알고 있는 변형 요인과 기술자가 생각하는 요인들을 제작 단계별로 나누어 조사해보니, 변형의 대표적인 요인을 추출할 수 있었다. 그 변형 요인들을 시뮬레이션 기법으로 제작 단계별로 구분해서 나누어 분석해보니 각 공정별 변형 요인을 발견할 수 있었다. 그것을 설계도에 반영해보니 수정이나 조정이 필요 없어 세계 최초로 시작 금형을 없애는 결과를 얻었다.

미국 오하이오 주의 자전거 수리공이었던 라이트 형제가 비행기를 만들어낸 것도 문제 해결의 접근법이 좋았기 때문이다. 수많은 엔지니어들이 어떻게 하면 날 수 있느냐에 무수한 시도를 해왔지만, 라이트 형제는 문제를 단계별로 나누어 생각하고 해결방안을 연구하여 성공할 수 있었다.

첫째로, 비행기를 공중에 어떻게 끌어올리느냐 하는 문제
둘째로, 비행기를 공중에 오래 머물도록 하는 문제
셋째로, 그 비행기를 가고 싶은 곳에 가게 만드는 문제
3단계로 나누어 생각하니 각각의 문제 해결 방안이 쉽게 나와서 비행기를 만들 수 있었다.

흔히 우리들은 문제를 묶어서 결과만 가지고 해결하려고 하는데, 발생하는 단계별로 문제를 나누어 생각해보면 보다 좋은 해결방안을 단기간에 얻을 수 있다. 또한 기대치가 너무 높다 보면 큰 문제가 되어 감히 해결할 엄두도 내지 못하는 경우가 많다. 그런데 기대치를 단계적으로 높여나가는 것 또한 문제를 쉽게 해결하는 방법 중의 하나라고 생각한다.

거꾸로 봐야 돈이 보인다

역발상이란 거꾸로 생각해본다는 뜻이며 상식을 깨는 새로운 패러다임으로 보는 시각을 말한다. '데자부De ja vu사고'에서 '부자데Vu ja de 사고'로 바꾸는 것을 말한다. 가끔 체험한 일이 없는 현재의 상황이나 주변의 환경이 마치 경험한 듯한 느낌이 들 때가 있다. 이처럼 '처음 접하지만 왠지 낯설지 않은 느낌'을 심리학 용어로 데자부De ja vu현상이라 한다.

로버트 서튼 스탠포퍼드 교수는 그의 저서 《역발상 마케팅》이라는 책에서 '데자부De ja vu'를 거꾸로 적은 '부자데De ja vu'라는 흥미로운 용어를 만들어냈다. 여기에서 '부자데'란 '익숙한 것도 낯설게 느끼는 느낌'이다.

21세기 치열한 기업 환경에서 생존하기 위해서는 기존의 관념이나 상식에 대해 거꾸로, 바꾸어, 거슬러 생각는 역발상이 중요하다는 것이다. 전화기를 발명한 알렉산더 그레이엄 벨, 전구와 전기를 세상에 처음 선보인 에디슨. 이들이 세기적 발명가가 된 것도 역발상에 근거를 두고 있다. 이러한 역발상은 남들이 생각하지 못한 다른 방향의 시도이다. 이 때문에 경쟁자가 없고 소비자의 일탈심리 충족을 통해 강력한 브랜드 이미지를 형성하게 한다는 것이다.

전 세계 전기면도기 시장의 47%를 차지하고 있는 니코 엥겔스만 필립스 소형가전 부문 대표부사장는 필립스의 성공비결을 '역발상'이라는 단어로 한마디로 요약했다. 전기면도기 신화를 뒷받침한 5가지 역발상의 관점에 대해 생각해보면 다음과 같다.

면도는 남자가 하지만 전기면도기가 보통의 습식면도기에 비해 고가라는 점은 쉽게 구입하는 데 제약 조건이 된다. 고생하여 번 돈을 자신이 쓰는 생활용품에는 큰 돈을 들이지 않는 것이 남자들의 일반적인 심리이다. 그래서 고가의 전기면도기를 남자들이 사게 해서는 어렵다고 판단하고 필립스는 마케팅 공략 대상을 여자로 돌렸다. 사랑하는 남편이나 아버지에게 줄 선물을 고를 때 여자들은 지갑을 쉽게 연다. 현재 필립스 전기면도기 판매량의 51%는 '선물용'으로 팔려 나간다.

필립스의 성장을 가로막는 최대 장애물은 습식면도에 익숙한 소비자의 습관 때문이다. 전기 면도기는 매끈하게 짤라지지 않는다는 인식에서 좀처럼 벗어나지 못하고 있었다. 그래서 필립스는 습식면도기를 쓰는 사람들을 전기면도기 시장으로 끌어들이기 위해 '차별화 전략'보다는 따라가는 '추종 전략'에 치중했다. 오래된 습관에 도전하는 것은 무모하다는 판단에서다. 그래서 우선 샤워를 하거나 비누를 묻힌 상태에서도 사용할 수 있도록 전기면도기를 개량했다. 디자인도 생김새도 모방했다. 최근 출시된 신제품 '아키텍'이 대표적인 사례이다. 목 부분이 얇은 'T자'형으로 제작하여, 습식면도기의 형상을 그대로 따라가므로 소비자들의 무의식적인 거부감을 없앤 것이다.

셋째, 소비자에게는 첨단 기술에 대해 뽐내지 않는다.

소비자들은 첨단 기술이 들어가있다고 하면 복잡하다고 생각한다. 필립스는 전체 매출의 10% 정도를 신기술 개발에 투자하지만 제품의 겉면에 첨단기술을 뽐내듯 드러내는 것은 최대한 피한다. 제품 내부는 첨단 기술이지만 고객이 사용할 때는 오히려 단순 명료하게 느끼게 하도록 제품을 설계하는 것이다.

'센스 앤 심플리서티Sense & Simplicty'라는 필립스의 제품 철학을 철저하게 설계단계에서부터 반영하고 있다. 즉 소비자가 처음 제품을 접했을 때 사용설명서가 없이도 충분히 사용할 수 있도록 설계한다는 것이다.

넷째, 유명인의 광고에 기대지 않는다.

필립스는 유명 연예인을 광고 모델로 활용하지 않는다. 007 시리즈에 필립스 전기면도기를 삽입한 적이 있지만 그것으로 끝이었다. 광고 모델이 추잡한 스캔들에 휘말릴 경우 소비자들의 신뢰를 한꺼번에 무너뜨릴 수 있기 때문이다.

다섯째, 싸다고 많이 팔리는 것이 아니다.

필립스 전기면도기는 선뜻 손이 가지 않을 정도로 비싸다. 신제품 '아키텍'의 경우 30만 원에 육박한다. 그것을 사용하므로 사회적인 지위를 인정해주고 품위를 나타내도록 하기 위해서이다. 명품 이미지를 최대한 심어 주기 위해서이다. 엥겔스만 대표는 "세계 최고 수준의 품질과 기술, 감성을 만끽하고 싶어 고가의 외제 BMW를 사는 소비자들의 심리를 활용했다"고 말했다. 최근 창조적 혁신에 목숨 거는 기업들이 역발상 사고를 통해서 미래를 대비하는 경우가 많다.

19세기 말 전신기술을 혁명적으로 발전시키겠다는 꿈을 키우던 벨은 기존의 고정관념을 완전히 뒤집는 데서 전화기 발명의 단초를 잡았다. 모스 신호를 통해 인공적으로 뜻을 조합할 필요 없이 목소리를 그대로 전달하자는 역발상이었다. 이것은 전화기 연구의 시작이었다. 1950년대 심장 박동이 신경의 '가속명령'과 '정지명령'으로 조절된다는 것을 발견한 과학자들은 빨리 뛰는 심장을 고치는 데 '정지' 메커니즘만을 쓰려고 했다. 하지만 영국의 제임스 블랙은 이를 뒤집어 '가속' 메커니즘을 막는 방법을 썼고 심장병 치료의 새 장을 열었다.

기존 생각을 일단 뒤집고 보는 것은 최근에도 성공 사례가 많다. 이용자에게 더 좋은 서비스를 제공하기보다, 거꾸로 이용자가 원하는 것을 스스로 실현하도록 한 유튜브가 좋은 예다.

전 세계적으로 인기를 끌고 있는 스와치 시계의 경우도 역발상적인 디자인 아이디어로 성공을 거둔 경우이다. 스위스 시계가 갖고 있는 문화적 자산인 보수성, 정확함에 대한 집착, 세대에서 세대로 이어지는 역사와 장인 정신, 고급품이라는 자산을 포기하고, 저가의 플라스틱 전자시계, 화려한 색상, 의상에 맞게 변화하는 제품이라는 콘셉트로 혁신적인 디자인을 선보였다.

스와치는 세계적인 디자이너, 화가, 사진작가, 패션전문가, 예술가들을 동원하여 매년 100종류 이상의 새로운 디자인을 개발하였다. 다양한 색 배합과 독특한 이미지 창출에 역점을 둔 혁신적인 디자인으로 92년에만 2700만 개, 수년 만에 누적 기준으로 1억 개 판매를 돌파하였다. 스와치 시계의 성공은 젊은이의 패션 트렌드 반영이라는 소비자의 '미실현 잠재 니즈'를 찾아 이를 역발상으로 구현해낸 것에 있다고 하겠다.

선배의 경험을 존중하라

아무리 똑똑해도 나이 든 사람의 경험을 존중하고 도움을 받으라는 것이다. 미국의 첨단항공기개발팀인 스컹크 워크스의 신기술 개발에는 발표된 지 10년이 넘은 낡은 러시아 보고서가 시초가 됐다. 레이더의 반사 방향을 외관으로 조절할 수 있다는 논문 내용을 프로그램화하는데 어려움을 겪던 연구팀은 80대의 수학자 빌 슈로더에게 도움을 청했다. 5주가 흐른 뒤 노장의 아이디어로 레이더에 포착되지 않는 스텔스 군용기를 탄생시켰다.

미국 캘리포니아 주 있는 컴퓨터 애니메이션 제작사인 픽사에는 '두뇌위원회'가 있다. 두뇌위원회는 경험이 풍부한 8명의 감독으로 구성되어 있으며 제작팀이 지원을 요청하면 후배가 겪고 있는 애로점에 대한 조언을 해준다. 두뇌위원회는 풍부한 경험을 바탕으로 문제 해결을 위한 토론을 한 후에 제작팀에게 제언을 한다. 그러나 제작팀이 두뇌위원회의 의견을 수용하느냐 그렇지 않느냐는 스스로가 결정하며 의사결정에는 간섭을 받지 않는다.

이와 같이 경험이 풍부한 선배들의 조언을 받는 것도 더 나은 선택을 하는 데 도움이 된다. 하지만 조직원들에게 새로움을 추구하는 동기부여를 제대로 하여 미래의 앞서가는 흐름을 잡도록 노력하는 것도 중요한 일이다. 그리고 네트워크를 잘 활용하고 전문가와 정기적인 만남을 주선한다. 수많은 실험과 실패를 통하여 경험의 폭을 넓혀 나가면 창조적인 문제 해결에 많은 도움이 될 것이다.

05
벤치마킹을 넘어
퓨처마킹에 도전하라

벤치마킹에 대해서는 우리 기업들이 잘 알고 있지만, 퓨처마킹에 대해서는 생소하다. 벤치마킹은 기업이 과거나 현재에 잘하고 있는 것을 타 기업의 멤버들이 가서 배우는 것을 말한다. 그러나 과거의 것이나 현재 잘하는 것을 보고 배우므로 세계 최고의 기업이나 미래를 준비하는 기업에게는 그렇게 도움이 되지 못하는 것이 사실이다. 또한 벤치마킹하는 기업이 경쟁회사라면 그 회사의 꽁무니만 쫓아가면서 배우는 격이므로 경쟁회사를 제치고 나가기 위한 새로운 접근법이 아니다.

경쟁사를 제치고 앞서 나가는 방법이 퓨처마킹이다. 퓨처마킹이란 미래와 상상한 것을 이루기 위해서 최선을 다하는 준비하는 회사에게 필요한 것이다.

톰 피터스는 "퓨처마킹이란 현재에 살고 있지만, 이미 10년 후 모습을 예견하고 미리 살고 있는 사람과 기업이 있다면, 미래에 미리가 있는 것이므로, 그 사람이나 기업을 보고 배우는 것"이라고 말한다. 세계무역센터의 이희돈 수석부총재는 빌 게이츠를 비롯하여 세계 최고 기업의 경영자들이 모여서 토론하는 자리에 참석한 적이 있다고 한다. 이 부총재가 여러 토론회를 많이 참석했지만 세계 최고의 경영자들이 참가하는 자리의 다른 점이 딱 한 가지 있었다고 한다. 그 다른 점이 무엇인가 하면 대부분 미래 10년, 20년 후의 이야기를 가지고 토론하지만 내일 일을 토론하는 것처럼 이야기했다는 것이다.

즉 미래에 미리 가서 그것을 현재로 끌어와서 이야기할 수 있는 사람들이 대부분이었다는 것이다. 미래의 것을 미리 현재로 가져오면 여유가 있기에 충분히 생각하고 대응할 수 있으므로 그렇지 못한 경쟁사를 쉽게 누를 수 있다는 것이다.

꿈을 이루는 퓨처마킹에 관심을 쏟아라

미래의 것은 우리의 꿈이요 희망이다. 꿈과 희망은 속도 면에서도 빛보다 밝고 빠르다. 생각만 하면 소망을 가질 수 있다. 그러나 그 빠른 것을 가지고도 한 번도 사용하지 않고 저 세상으로 가는 사람이 90% 이상이다. 패배의식에 젖어서 미래의 꿈을 잃어버리고 정체되어 있는 사람들이 많다는 뜻이다. 빛보다 밝고 빠른 것, 즉 미래의 원하는 바를 생각해서 기록하고 실천하여 자신의 삶을 성공시킬 수 있도록 각자의 소망을 늘 품고 나가는 것이 퓨처마킹이다. 퓨처마킹으로 미래를 미리 준비하는 기업을 혁신하는 기업이라고도 한다.

우리 회사의 미래를 위해 아이디어를 내는 것을 두려워하지 않고 미래의 새로운 아이디어를 실현하기 위해서 상사에게 도전하는 튀는 직원들이 과연 있는가? 그런 직원들이 우리 기업의 '퓨처마크'를 만들 사람들이다.

상상한 것을 이룬 것처럼 살아라. 미국의 캘리포니아 전 주지사인 아놀드 슈왈츠 제네거는 오스트리아에서 캘리포니아로 이민 왔을 당시 매우 생활이 어려웠다. 그러나 가난 속에서도 아놀드는 비전을 가지고 있었는데 첫 번째는 유명한 영화배우가 되겠다, 두 번째는 케네디가의 여인과 결혼하겠다, 세 번째는 주지사가 되겠다는 것이었다.

자신의 목표 비전보다 1년 빨리 주지사가 된 후에 기자들이 어떻게 비전 3가지를 전부 이룰 수 있었느냐고 질문했다.

그때 아놀드의 대답이 매우 인상적이다. "원하는 모습을 그리면서 이미 다 이룬 것처럼 사는 것이지요! 나의 두뇌는 현실에서 느끼는 것과 상상해서 느끼는 것과 구별을 못해요. 그래서 확실하게 상상한 것을 이루어졌다고 생각하고 만족을 느끼면 그것이 원동력이 되어 자신이 원하는 일이 빨리 달성된다"고 답했다. 자신의 미래를 확실하게 퓨처마킹을 해서 성공한 사람이라고 할 수 있다.

어린이면 누구나 가보고 싶어 하는 꿈의 동산인 디즈니 랜드가 처음 문을 열었을 때 꿈의 동산을 기획한 사람인 월트 디즈니는 이 세상 사람이 아니었다.

기자들이 그의 아내에게 "함께 이 멋있는 모습을 보았으면 좋았을 텐데……"라고 아쉬워하자 "남편은 20년 전부터 오늘 이 모습을 기획하고 상상했기 때문에 미리 보고 간 것이나 마찬가지입니다"라고 대답했다. 월트 디즈니는 디즈니 월드를 기획한 20년 전부터 생쥐를 이용한 놀이동산에 대해서 항상 상상을 했다. 그 놀이동산 때문에 지구의 모든 어린이들이 행복해하는 모습을 그리며 준비한 결과 그것이 현실로 이루어진 것이다.

미리 준비하여 새로운 판을 짜라

인터넷의 급부상이나 환경 보호에 대한 세계적 움직임을 생각해보면 우리 기업이 미래에 무엇을 해야 하는지를 알 수 있다. 애플은 불법 유통을 막으려는 음반 회사들의 노력에도 불구하고 시장은 꾸준히 확대되어 불법 MP3 음악 파일의 교류가 활성화되고 있는 것을 주시하였다. 여기에서 애플은 MP3 플레이어에 대한 수요 증가를 정확하게 예측하고, 온라인 음악 사이트 아이튠즈iTUNES를 오픈하여 미국 내 5대 음반사와 합법적으로 음악을 판매할 수 있도록 약정 체결하였다. 오픈 첫해 7000만 곡 이상을 판매하여 음반 시장의 70% 이상을 장악하였으며 MP3의 판매에도 크게 도움을 주었다. 타사는 불법 유통으로 돈이 되지 않는다고 생각할 때에 발상을 전환하여 언젠가는 불법이 허용되지 않음을 인지하여 성공한 사례이다.

시스코도 미래를 퓨처마킹하여 새로운 영역에서 돈을 벌고 있다. 향후 초고속 데이터 전송에 대한 수요가 대부분 기반이 깔려서 더 이상 증가를 기대할 수 없다고 대부분의 회사는 판단하고 투자를 꺼리고 있었다. 그런 때 시스코는 발상을 전환하여 수요의 증가는 미비하더라도 향후 네트워크의 속도 문제가 심각한 과제로 부상할 것을 생각했다. 그래서 라우터, 스위치 및 기타 네트워크 장비 등 고속의 데이터를 전송할 수 있는 시스템 구축에 투자를 하여 현재 인터넷 통신의 80% 이상의 장비 판매를 시스코가 담당하고 있다.

묘피아 마케팅을 배제하고 충성 고객을 찾아라

하버드 경영대학원 교수 테오도르 레빗이 주창한 '마케팅 묘피아 marketing myopia'라는 말이 있다. 이 말의 의미는 기업이 근시안적인 관점으로 전략을 세우고, 마케팅 활동을 하는 것을 말한다.

"미래에는 어떻게 할까?"라는 것에는 관심이 없이 근시안적으로 당면한 니즈나 목표 달성에만 중점을 두어 제품을 개발하고 판매하는 것을 의미한다. 묘피아 집단은 당장 시장에서 뜨고 있는 아이템이 있다고 하면, 미래에 어떻게 될 것인지 고려하지 않고 무작정 투자부터 하는 것을 말한다. 퓨처마킹을 제대로 하지 않은 상태에서 산업의 트렌드나 소비자의 성향, 미래의 성장 가능성 등을 따져보지 않고 현재의 시장 상황에 맞추어 투자해버리는 것을 말한다.

묘피아 마케팅의 대표적인 사례로는 포드가 자동차를 들 수 있다. 한때는 세계 최초로 컨베이어의 분업에 의한 흐름 작업으로 자동차 대량생산 시스템을 확립해서 근대산업의 기초를 제공한 업체이기도 하다. 링컨, 머큐리, 재규어, 볼보, 마쓰다, 애스톤마틴 등 지명도 높은 7개의 자동차 브랜드를 소유한 포드는 현재 200여 개 나라에서 자동차를 판매하고 있는 글로벌 자동차 메이커다.

창업자 헨리 포드의 '모든 사람이 쉽게 차를 살 수 있도록 하겠다'라는 경영 철학으로 부유층의 사치품으로 상징되던 자동차를 대중적인 생필품으로 자리잡도록 만드는 데 큰 기여를 했다. 철저한 소비자 중심의 철학은 105년간이나 포드가 있게 한 원동력이 되었다. 그러나 컨베이어 벨트에 의한 대량생산을 할 때 분업을 통하여 싸게 만들기만 하면 팔릴 것이라 생각했다. 그래서 같은 차종의 검정색 자동차만 대량생산을 하다가 다양성을 요구하는 고객들의 니즈의 변화에 맞추지 못해서 곤경에 처했던 경우가 있다.

다품종 소량생산에 맞게 대응하지 못하고 대량생산 방식을 탈피하지 못해 팔리지 않는 차종을 대량생산하여 재고만 급증하였다. 소비가 공급을 초과하던 시대에는 포드 방식이 큰 위력을 발휘하지만, 공급이 초과하여 소비자가 차를 선택하는 환경하에서는 재고만 쌓이고 현금 유동성만 나빠지는 아주 나쁜 방식이다.

에너지 파동으로 가솔린 가격이 급격하게 증가하자 연비를 고려하지 않은 대형차 위주의 생산이 큰 실패를 초래하였다. 그 당시 기름 먹는 '하마'로 불리는 가정용 트럭의 판매는 전년 대비 무려 10만 대나 줄어들었다. 한때 포드의 가장 인기 있는 승용차였던 토러스도 경쟁사의 모델에 뒤처져 단종되는 아픔을 겪어야 했다.

2007년에는 103년 기업 역사상 최악의 경영 실적을 기록했다. 적자 규모는 무려 127억 달러나 됐다. 차량 한 대를 팔 때마다 1925달러씩 손해를 보고, 1분마다 2400만 달러씩 손실을 보는 최악의 불량 기업이 된 것이다. 이와 함께 포드는 GM 등 미국의 다른 메이저 자동차

업체와 마찬가지로 과도한 노동 비용의 부담을 안고 있었다.

대표적인 실패 회사로서 자리매김하고 있는 포드가 미래를 미리 대비하려는 움직임을 보이고 있다. 하지만 내부 직원들이 미래를 생각할 수 있는 능력이 있는지가 궁금하다.

또 한 가지 묘피아 마케팅의 사례는 닷컴 기업들의 유료화에 대한 예를 들 수 있다. 인터넷 붐에 편승하여 가입 회원의 수가 기업의 가치라고 말하면서, 이벤트 등을 동원하여 신규 고객 유치에만 열을 올렸다. 그 결과 많은 닷컴 기업들이 지나친 판촉 비용과 유지비로 1~2년도 못 가서 회원 유치와 관리 및 유지 비용 등으로 망하거나 곤란을 겪었던 사례들도 많이 있었다.

인기 있던 프리챌의 하루 방문자 수는 싸이월드의 6배인 180만 명이나 되었다. 다른 닷컴 기업과 마찬가지로 프리챌이 경영 개선을 위해 모든 콘텐츠 유료화를 선언했더니 회원의 40% 정도가 유료화 참여했다. 나머지는 싸이월드로 대거 이동하여 싸이월드의 하루 방문자 수 190만에 육박에 달할 정도로 회원 수가 늘어 났다.

다른 곳에서 무료로 이용할 수 있는 콘텐츠를 유료화했다는 것과 싫으면 나가라는 식의 비감성적 접근은 미래를 예견하지 못한 묘피아 마케팅의 대표적인 사례이다. 이러한 사태를 미리 예견하고 싸이월드를 만든 네이버는 직접 화폐 결제가 아닌 '도토리'라는 매개물을 이용했다. 그래서 돈에 대한 부정적인 이미지를 없애고 도토리로 고객의 지갑을 열게 하여 크게 성공하였다.

1위가 아닌 회사라면 1위를 철저하게 벤치마킹해서 2위가 되기 위한 새로운 전략을 수립할 수도 있겠다. 하지만 세계 1위를 달리고 있는 제품이나 회사는 상상력에 근거한 퓨처마킹을 하지 않으면 격변기에서 살아남을 수 없다. 그리고 타사의 벤치마킹만 하다가는 항상 투자 자금만 날리게 된다.

닷컴 기업의 대부분 수명이 짧지만 아마존은 1994년 설립한 후에 닷컴 기업들의 대표자로서 그 위상을 유지하고 있다. 21세기에 들어와서 수많은 IT기업들이 소리 소문 없이 상당수 사라졌다. 그러나 인터넷 서점인 아마존닷컴은 고객에게 다가가는 미래 지향적인 역발상 마케팅을 통해서 어려운 터널을 통과하고 닷컴 기업으로 자리를 한층 더 굳히었다.

아마존닷컴이 설립 후 14년간 닷컴의 대표 기업으로 자리를 지킨 이유는 고객에 밀착한 감동을 선사했기 때문이다. 앞을 내다보고 고객 니즈가 어떻게 변화될 것인가를 철저하게 연구했다. CRM 시스템에 대폭 투자하여 실시간으로 리얼하게 고객 응대 서비스 기능을 한 단계 업그레이드하였다. 단순히 고객에게 싸게 제공하는 기능만 가진 것이 아니라 더 나아가서 고객을 지원하고 감동시키는 실시간 고객 데이터베이스를 구축한 것이다. 그 데이터를 바탕으로 클릭하는 순간 고객에게 맞는 다양한 제품을 저가로 추천한다. 그리고 고객의 기호에 맞는 다른 상품을 실시간으로 소개하여 장기적인 관계 유지를 위한 변화를 꾸준히 추구해왔던 것이다.

일반적으로 인터넷 쇼핑몰의 재방문율이 평균 4% 정도이지만, 아마존닷컴의 재방문율은 15% 이상이나 된다. 이러한 재방문율이 타 인터넷 기업과 차별화된 것은 CRM에 지속적으로 투자하기 때문이다. 클릭하는 고객이 향후 어떤 서비스를 기대하는가에 대한 연구를 철저히 한다. 또 충성 고객을 특별 대우하는 시스템을 구축함으로써 충성 고객수가 점점 늘어나게 되는 계기를 제공하고 있다.

4

유니크함과 즐거움으로 승부하다

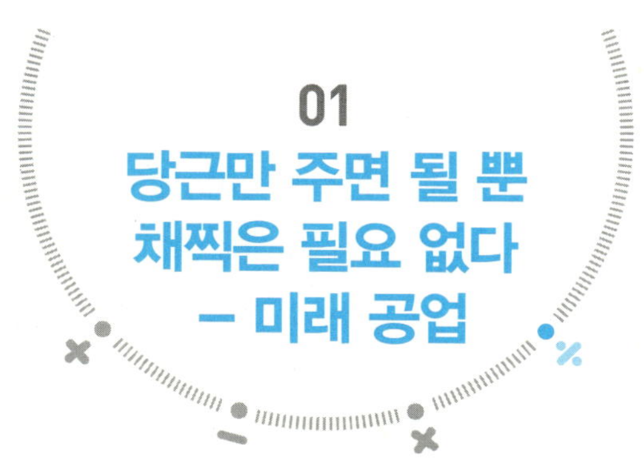

당근만 주면 될 뿐
채찍은 필요 없다
– 미래 공업

미래 공업은 매출액 경상이익률이 매년 12~15%대에 유지하는 작지만 강한 회사이며 고수익 회사다. 일본 제조업 평균 경상이익률의 3배나 높은 수치를 달성하고 있다. 더구나 대기업인 마쓰시타 전공을 누르고 제품별 시장 점유율이 최고 60~80%까지 차지하는 제품들이 많이 있다.

대부분의 회사들은 규칙과 규율에 대해 보다 정교화하려 하고 더 치밀한 규정이 되도록 수정하는데 노력을 한다. 사람은 원래 게으르고 쉽게 나태해지기에 조직을 제대로 운영하기 위해서는 직원들의 모든 것을 통제해야 된다고 생각하기 때문이다. 즉 '사람들은 통제받지 않으면 제대로 일을 하지 않는다'는 것에 대한 대응책으로 필요한 것이 규칙이나 규정이라고 믿기 때문이다. 그래서 해가 갈수록 규정이나 규칙을 줄이는 회사는 거의 없다.

그러나 이러한 관념에서 탈피하여 과감하게 규칙을 없앰으로써 괄목할 만한 성과를 거두는 기업이 있다. 일본의 미래 공업未來工業이다. 이 회사의 야마다 아키오山田昭男 사장은 "사람은 말이 아니다. 당근만 주면 될 뿐 채찍은 필요 없다"고 말한다.

직원이 자율성을 가지고 즐기게 하라

미래 공업은 1965년에 설립한 회사로 자본금이 70억 6,786만 엔이고 종업원 수는 750여 명이다. 주요 생산품은 전기 설비 자재, 배수·가스 설비 자재, OA플로어 제조 판매 등이지만 아이디어 제품이 16000개나 된다. 이 아이디어 제품은 직원들이 직접 창안해서 낸 아이디어를 제품화한 것들이 대부분이다. 그리고 근로자들의 개선 제안이 연간 9000여 건에 해당한다.

사원들에게 쉽게 제출할 수 있도록 작은 아이디어를 쪽지로 모집한다. 급료나 상사에 대한 불만을 제외하면 어떤 내용이라도 일단 500엔을 지불하며 제품에 적용되면 최고 3만 엔까지 준다.

근무 시간도 하루에 7시간 15분이다. 전 직원이 정규직이며 연간 휴일은 140일이나 차지한다. 더구나 육아 휴직이 3년이나 되므로 아이 3명을 낳으면 9년간 회사에 근무하지 않아도 된다. 연말연시에는 20일을 놀고, 정년이 70세이며, 미국식 경영방식인 사람을 공수로 단순하게 계산하는 방식을 철저하게 배격한다. 일본식 연공서열 제도를 버리지 않고 유지하고 있는 기업이다.

"이렇게 많이 놀아도 회사가 이익을 창출할 수 있을까!" 의아해하는 사람들이 많다. 휴일이 많은 것은 일본 기업 중에서 최고의 기록이라고 할 수 있다.

일의 생산성을 높이기 위해서는 '내가 무슨 일을 해야 하는가?'부터 스스로 알아야 한다. 사람은 통제되면 하지 말아야 할 일도 하고, 일하는 재미를 느끼지 못한다. 그들은 '정말 지금 그 일을 해야 하는가?' '그 일이 부가가치가 있는 일인가?'부터 스스로 질문해본다. 동시에 해야 할 일을 선별하는 능력을 가지고 일하다 보면 일에 대한 보람도 느끼고 성과도 크게 올릴 수 있다. 목적이 분명하지 않은 일은 아무리 많이 하더라도 성과에는 그리 도움이 되지 않기 때문이다. 미래산업 직원들은 목적이 있는 일을 스스로 해내는 DNA가 있기에 휴일이 많아도 해야 할 일을 즐겁게 단시간에 해낸다.

이러한 창조적 혁신 경영의 성공을 위해서 선두에 서서 지휘한 사람이 야마다 아키오 사장이며 미래 공업의 창업주이다. 전무 시절 연극 무대에 정신 팔다 아버지 회사에서 정리해고당한 다음 날, 극단 이름을 그대로 사용해 창업하였다.

미래 공업을 창업한 뒤에 아버지 회사는 라이벌이 됐다. 그 후 부친 회사는 매출액 5억 엔. 미래 공업은 250억 엔으로 아버지 회사의 50배나 큰 업적을 이루었다.

연극 경영을 배워라

미래 공업의 창조적 혁신 경영은 연극 무대에서 배운 내용을 기업 경영에 적용하는 것이다. 연극에서 막이 오르면 연기는 배우에게 맡긴다. 맡기지 않으면 배우는 성장하지 못한다. 경영도 막이 오르면 사원이라는 배우에게 맡기는 것을 중요하게 생각해야 한다. 맡기면 스스로 개선하고 최선을 다해 업무를 수행할 수 있기 때문이다. 그래서 아키오 창업주는 회사 설립 이래 한 번도 도장을 찍어본 적이 없다. 사장은 직원들이 열심히 일하고 있는지를 살펴보지 않는다.

3/4분기가 되면 대부분 기업이 하고 있는 차년도의 목표 설정과 당해 연도의 성과 점검도 미래 공업에서는 사장이 직접하지 않는다. 직원들끼리 알아서 스스로 정하게 하는 것이다. 그저 믿고 맡기면 잘할 것이라는 것이 야마다 사장의 신조이고, 직원들은 이런 사장의 기대에 항상 100% 이상으로 보답한다. 현재 미래 공업은 업계에서 가장 많은 특허 건수를 자랑한다. 매년 2,500억 원 이상의 매출에 2자릿수의 영업이익률을 기록하면서, 해당 업계의 독보적인 1위 기업으로 자리잡고 있다.

지혜를 충분하게 발휘하도록 시간을 여유 있게 제공한다. '인간 신뢰 경영'으로 '경쟁사와 똑같은 것은 만들지 않는다'는 사장의 철학을 실현하기 위해 스스로 제안하고, 개선하는 문화를 조직 문화로 정착시킨 성공 사례라고 할 수 있다.

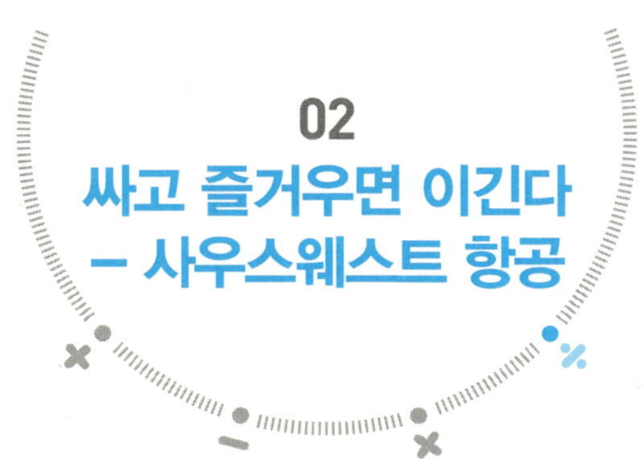

사우스웨스트 항공사는 겨우 3대 비행기로 텍사스 내 3개 소도시에서 처녀 출항했지만, 이제는 미국 내 약 60개 도시에 취항하여 연간 6000만 명이 넘는 승객을 수송하고 있다. 또한 1971년 업무 개시 당시 타 항공사는 27~28달러의 요금을 받았으나, 사우스웨스트는 20달러만 받았다. 이러한 가격 차이에도 불구하고 설립 후에 한 번도 적자를 낸 적이 없다.

종업원 수가 195명에서 3만 명으로 늘어났지만 그동안 한 번도 정리해고를 한 적이 없으며 항공 사고도 없었다. 주주들에게 최고의 수익을 안겨준 기업인 사우스웨스트 항공의 성공 요인은 '싸고 즐거우면 이긴다'는 창조적 혁신 경영에 있다고 할 수 있다.

후발 주자로서 가장 쉽게 이기는 방법은 싸게 하는 것이다. 싸게 하다보면 서비스의 질이 낮아지게 되어 있는데, 돈 들지 않는 서비스의 품질을 최대한 올려서 성공한 기업이 사우스웨스트 항공이다.

사우스웨스트는 운임이 싼 항공기를 타고 싶어 하는 고객층이 따로 있다는 것을 알게 되었다. 출장이 잦은 비지니즈맨이나 고급 서비스보다 저렴함을 추구하는 절약형 고객, 그리고 학생층을 겨냥한 저렴하고도 안전한 중ㆍ단거리 항공 서비스를 원하는 고객만을 대상으로 서비스를 제공한다는 것이다.

요금만 경쟁력이 있다면 승객들은 얼마든지 있을 것이라는 생각에서 운영비용과 낭비를 최대한 줄여서 싼 가격으로 서비스한다는 데에 운영의 초점을 맞추었다.

비행기 안에서는 기내식은 물론, 지정좌석도 찾아볼 수 없다. 들고 타는 소화물 서비스를 제외한 수화물 서비스도 폐지하고 여행사를 통한 티켓 판매도 중단하여 수수료 부담도 줄였다. 이렇게 하여 제반 비용을 낮추면 경쟁사들보다 요금을 더 싸게 할 수 있으며, 요금이 싸면 더 많은 승객을 확보할 수 있다. 또한 승객이 많아지면 운항 편수를 늘릴 수 있기 때문에 고객들은 자신의 일정에 맞추어 더 편리하게 이용할 수 있다.

이러한 싸게 해야 한다는 전략 덕분에 항공업계 전체가 침체의 늪에서 벗어나지 못하고 있을 때에도 사우스웨스트 항공의 승객 수는 매년 늘어났다.

미국의 노동조합은 자신의 업무가 아닌 것에 도와주기를 철저하게 거부하고 있다. 그러나 사우스웨스트 항공의 직원 대다수가 노동조합에 가입되어 있지만, 필요시에는 다른 여러 가지 직무를 동시에 수행한다. 더구나 항공사는 파일럿, 승무원, 화물처리 요원, 육상 서비스 요원 등 다양한 직종으로 구성되어 있다. 이들 간의 업무 영역이 명확히 구분되어 있다.

그러나 사우스웨스트 직원들은 도요타 생산방식인 다능공화 제도를 항공기 회사에서도 도입하여 실천하였다. 직종 구분 없이 출발이 늦어지는 경우 조종사도 업무처리를 거들어 주고, 기내 승무원들이 체크인 업무를 수행한다.

1년 중 가장 승객이 많은 추수감사절 전의 '블랙 수요일'에는 최고 경영자까지 업무처리를 돕는다. 미국에서 수평적 조직 구조와 다능공화 문화를 실천한 성공사례라고도 할 수 있다.

타사에서는 항공기를 재출발시키는 데 1시간이 드는 데 비해 사우스웨스트는 10~20분이면 출발 준비가 끝난다. 흔히 제조업에서 많이 사용하는 싱글 준비 교체(10분 이내 다음 생산 준비를 끝내는 것)가 가능하도록 시스템이 되어 있으므로 타사보다 재출발 속도 면에서 3~6 배 경쟁력이 있다.

신속한 이착륙을 위해서 공항도 이착륙 시 혼잡이 적고, 대도시 가까이 있으며 경쟁이 덜한 곳을 이용한다. 또한 메인터넌스 신속화를 위해 항공기는 모두 보잉737 기종이다. 한 가지 기종만 사용하기 때문에 정비 작업, 보수용 부품 관리, 항공기 운항 및 훈련 등이 간소화되고 스페어 부품도 싸게 구입된다. 같은 기종이므로 회사가 보유하고 있는 어떤 항공기라도 쉽게 조종할 수 있다. 거점경유hub-and-spoke 방식 대신 직항point-to-point 노선을 이용하고 있다. 거점경유 방식에서는 거점공항의 지상 서비스 능력, 공항 게이트, 지상 근무 인원, 이동 트랩 등을 가장 혼잡한 시간대에 맞추어야 하므로 인력이나 장비의 전반적인 가동률이 떨어진다. 또한, 다른 항공편의 도착이 지연되면 연결되는 다른 여러 항공편의 출발이 늦어진다. 사우스웨스트는 다른 항공사의 사정으로 출발이 지연되는 일이 없기 때문에 항공사 중 정시 출발, 도착률이 가장 높다.

다섯째, 타사가 가지지 못하는 새로운 서비스 펀fun을 제공한다.

사우스웨스트는 싼 요금뿐 아니라 즐겁고 유쾌한 항공서비스를 제공하는 것으로도 유명하다. 고객들을 즐겁게 해주기 위해 특별한 날에는 승무원들이 그날에 어울리는 의상을 입는다. 부활절, 추수감사절에는 그 절기에 맞는 복장을 하고 핼로윈데이에는 고객을 깜짝 놀라게 하는 의상을 입는다. 일하면서도 재미를 제공하고 축제에 참가하는 기분이므로 손님도 직원도 이를 좋아한다.

그날 생일인 사람을 즉석에서 축하해주기도 하고, 서비스할 때 도우미를 고객 중에서 공개 응모하여 함께 서비스하기도 한다. 직원의 얼굴에 환한 웃음을 꽃피우기 위해 분위기를 고조시키는 멘트를 서슴지 않고 날린다. 최고경영자는 재미를 창출하기 위해서는 우스꽝스러운 복장도 마다하지 않고 토끼로 변신해 사내를 걸어다니며 직원들과 농담을 주고받기도 한다.

기장의 금연 안내 방송도 유머 있게 하므로 웃음을 제공한다. "손님께서 담배를 피우고 싶다면 언제든지 날개 위에 마련된 특별석으로 자리를 옮겨 저희가 특별히 준비한 영화 〈바람과 함께 사라지다〉를 즐기시기 바랍니다" "승무원과 30초 이상 연결되지 못한 고객은 8번을 눌러주십시오. 그렇다고 빨리 연결되는 것은 아니지만 적어도 기분은 좋아질 것입니다"라고 멘트를 한다.

크라이슬러가 도요타방식을 도입하여 효율화를 하고 많은 개선을 했다. 하지만 끊임없이 진화하는 도요타 방식의 근원지가 도요타 직원들에게서 나오는 것을 알았다. 그는 도요타를 한 순간 베낄 수 있어도 도요타 직원들을 전부 스카우트하지 않는 한 따라잡을 수 없다고 크라이슬러 부사장이 고백한 적이 있다.

허브 켈러 허 전임 회장도 우리 직원들이야말로 다른 회사가 쉽게 모방할 수 없는 최고의 DNA를 가지고 있다고 다음과 같이 자랑한다.

"우리 회사의 모든 시스템은 모방할 수 있습니다. 또한 우리의 발권 카운터나 다른 하드웨어도 베낄 수 있습니다. 그러나 우리 회사의

직원들이 즐겁게 일하는 마음과 그들의 정신과 문화는 가져갈 수는
없을 것입니다."

문화를 상품화해서
가치를 올린다
– 할리 데이비슨

가치를 올리는 방법이 여러 가지가 있지만, 기업의 문화를 팔아서 회사의 수명이 100년 동안 지속되는 기업이 있다. 그 기업이 할리 데이비슨Harley Davidson이라는 회사이다. 어떻게 고객들이 할리 데이비슨의 CI를 문신까지 새기도록 만드는가? 코카콜라나 GM 등의 브랜드는 할리 데이비슨보다 훨씬 잘 알려져 있지만, 그 브랜드로 몸에 문신을 새긴 사람은 없다. 그러나 할리 데이비슨의 고객들은 그 로고를 몸에 새긴다. 그리고 그 문신을 자랑스럽게 보여주는 우월감과 자신감으로 가득 차 있다.

데이비슨 3형제와 윌리엄 할리William Harley가 이 회사를 세운 후, 할리 데이비슨의 시가총액이 GM의 시가총액을 넘어선 때도 있었다. GM의 700만대를 판매하는 가치보다 할리 데이비슨 35만대를 파는 가치가 더 높았다는 의미이다.

이와 같이 가치를 높이는 비결은 어디에 있는 것일까? 할리 데이비슨은 10년 동안의 매출 성장률이 약 15%, 당기순이익의 성장률은 매년 24% 정도이다. 노조의 무리한 요구에 대부분의 미국 제조업이 몰락하고 있는데 미국 기업이 어떻게 해서 이렇게 수익을 내고 있는 것일까?

할리 데이비슨은 '우리는 우리와 함께하는 고객에게 모터사이클과 브랜드 그리고 서비스를 제공함으로써 모터사이클링이라는 특별한 경험을 통해 우리 모두의 꿈을 실현해 나간다'라는 미션을 가지고 있다. 이 미션을 실현시키기 위해 고객과 함께 최선을 다한 결과가 이익으로 연결되었다. 제품만 파는 것이 아니라 기업의 문화를 함께 파는 기업으로 성공한 대표적인 사례이다.

타사의 모터사이클은 같은 모델이면 대부분 다 똑같지만 할리는 한 대 한 대마다 모두 다 다르다. 고객이 구입하고 나서 자신이 좋아하는 할리의 문화를 자신의 모터사이클에 심기 때문에 모두 다른 것이다. 그 결과로 할리는 액세서리로 매출을 20%나 더 올리고 본체보다 오히려 수익성이 높아서 부가가치를 많이 낸다.

할리 데이비슨의 고객들은 사이클을 살 때 쓴 돈보다 구입한 후에 돈을 더 많이 쓰게 된다. 회사의 100주년을 기념하기 위해서 밀워키에서 100주년 파티를 열었을 때도 100만 명의 사람들이 자비를 들여 모여들었다.

할리를 가지고 있지 않은 사람들이 보면 미친 행동이다라고 할 수 있다. 그러나 할리를 가진 사람은 당연히 해야 할 일을 했다고 자랑스럽게 말하고 당연하게 생각한다. 고객에게 오토바이는 상품의 개념이 아니라, '다르게 타고 싶은 경험을 함께 나눈다'는 것이기 때문에 할리의 문화에 자신의 비용으로 참가하고, 그것을 즐기는 고객들이 창출된 것이다.

1903년에 설립되어 급격하게 회사를 키워가던 할리 데이비슨은 1970년대부터 유럽 기업과 일본 기업의 품질과 저가를 앞세운 제품들에게 패하여 AMF에 합병되기도 했다. 그러나 할리 데이비슨 라이더들이 힘을 모아서 투자하여 80년대에 다시 회사를 독립시켜 할리만의 독특한 문화 활동을 하기 시작하였다.

'독수리는 홀로 난다The Eagle Soars Alone'는 캐치 프레이즈로 할리의 문화를 심어서 옛 명성을 회복하는 데 노력을 했다. 특히 할리를 사랑하는 마니아 그룹인 할리오너스 그룹, 즉 호그HOG, Harley Owners Group를 만들어 할리 데이비슨을 살리기 위해 온갖 심혈을 기울였다. 회사가 망하려고 할 때 그 제품 이용자들이 직접 나서서 회생의 깃발을 들고 몰락을 막은 것은 할리 데이비슨이 대표적인 사례이다. 돼지새끼를 HOG라고 하지만 '할리의 주인 그룹'이라는 뜻 있는 표식이다. 모터사이클 대회에서 1위를 하면 우승자가 돼지새끼에게 젖을 먹이는 전통을 만들기도 했다. 그리고 자신들이 아끼는 할리 데이비슨이 어려움에 처하게 되자, 모터사이클 투어링 행사인 'HOG 랠리'를 개최하는 등 열성적인 활동을 벌여 마침내 회사의 이미지를 회생시켰다.

그로 인해 할리의 경영진은 HOG의 존재 가치를 새롭게 발견하게 되었다. 할리의 기업 경영은 문화의 일환으로 HOG와 함께 갈 것을 결정하였다. 그리고 할리는 회원들이 내는 아이디어를 소중하게 생각하고 이를 제품 개발에 적극 반영했다.

할리 소유자들이 자신들만의 문화를 표출하기 위해서 기본 모델에 이들이 선호하는 액세서리를 호환되게 부착할 수 있도록 다양하게 설계하였다. 이뿐만 아니라 이러한 액세서리를 쉽게 구할 수 있게 하였다. 현재 1,000개 HOG에 45만 명이 가입해 있으며, 이들은 할리 문화를 구현하면서 구전 마케팅을 충실히 수행하고 있다.

할리라는 제품은 단순히 제품이 아니라 한 시대를 표현하는 가치와 문화를 만들어 나가는 브랜드이다. HOG를 중심으로 충성도 높은 고객을 확보하게 해주었고, 이를 통해 할리의 수익이 꾸준히 성장하여 오늘에 이르게 되었다. 단순하게 오토바이를 파는 기업에서 '할리 문화'를 파는 기업으로 변신하였다.

그리고 모터사이클 구입을 하지 않는 고객들이라도 브랜드 이미지가 주는 자유, 독립, 파워를 넣은 여러 가지 제품을 구입하고 싶어한다는 사실을 발견했다. 그래서 모터사이클 전문 의류인 〈Harley Davidson Motorclothes〉라는 의류 사업에도 진출하여 유아 의류, 셔츠, 여성용 패션까지 아이템을 확장하였다. 이러한 할리의 유명세에 힘입어 동시에 수백 종의 상품에 'Harley Davidson'의 로고가 사용되기 시작했다.

이제 할리는 모터사이클을 파는 기업에서 할리 문화를 팔아서 가치를 올리는 기업으로 확실하게 변모하여 세계적인 기업으로서의 위상을 확실하게 확보하였다.

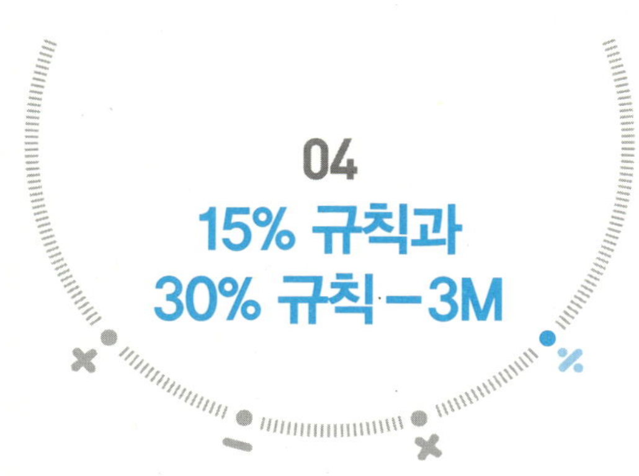

피터 드러커Peter Drucker교수는 "대부분의 사람들이 일상적인 업무에 시달려 정말 중요한 일에 집중하지 못하고 있다. 이런 경향은 높은 자리에 올라갈수록 심해진다"고 지적한 바 있다. 그렇기 때문에 지식 노동자들이 창조적이기 위해서는 일상적인 업무를 보다 효율적으로 수행할 필요가 있다. 시간 활용을 잘하기 위해서는 업무의 내용을 분석하여 해야 할 일과 하지 않아도 되는 일을 구분해내야 할 필요가 있다.

'바쁘다'와 '부가가치를 창조하는 일을 한다'의 개념을 제대로 구분하여 남는 시간을 창조적 활동에 투자하는 창조문화가 만들어져야 한다. 이 두 개념은 사람이 활동하면서 무언가를 한다는 면에서는 유사한 개념이지만 성과 면에서는 분명하게 차이가 있다. 전자는 분명한 목적 없이 분주하게 움직이는 것을 의미한다. 반면, 후자는 분명한 목적 의식을 갖고 성과를 내기 위해 사전에 치밀하게 계획을 세우고 이에 따라 행동하는 것을 의미한다.

치열한 글로벌 경쟁 속에서 100년이 넘도록 끊임없이 새로운 시장을 창조해왔다. 바쁜 가운데서도 분명한 목적의식을 가지고 가치 있는 미래를 만들기 위해 창조적 혁신을 끊임없이 해가는 대표적 회사가 있다. 창조력으로 승부하며 창조적인 문화가 체질화되어서 창조적인 제품으로 세상의 부러움을 받은 회사이다. 미국 대학생들이 가장 들어가고 싶어하는 회사가 바로 3M이다.

기술을 3차원으로 심화시키고, 응용하는 기술을 개발하라

Minnesota Mining & Manufacturing미네소타 채광, 제조회사의 첫머리를 따서 3M이라는 회사 이름이 시작되었다. 철도원 출신인 헨리 S. 브라이언과 윌리엄 A. 맥고나글, 의사 J. 던레인 버드, 변호사 존 드완, 푸줏간 주인 허몬 케이블 5명이 함께 투자하여 미네소타 주의 슈피리어 호수에 면하여 있는 투하버스Two Harbors에서 창립되었다.

1910년에 회사를 미네소타 주 세인트폴로 옮기고, 초기의 제품은 연마제로 시작하여 인조 샌드페이퍼를 생산하였다. 그 후 방수 샌드페이퍼, 셀로판 접착 테이프, 마스킹 테이프 등의 제품을 판매하였다.

초기에는 샌드페이퍼와 테이프 종류에서 출발하였지만, 그 후에 사업을 확장하여 전자 · 정보 기술 그룹, 그래픽 관계 용역 및 제품 그룹, 접착제 등을 포함하는 산업 및 소비재 그룹, 건강 제품 중심의 생명과학 그룹 등으로 나뉘었다. 창조적 혁신과 사업 다각화를 통하여 매출

확장을 이루어낸 대표적인 미국 기업으로, 해외진출에도 적극적으로 노력하여 매출액의 40% 이상을 수출 부문에서 얻고 있다. 매출액은 약 200억 달러이며, 연구 개발비에 11억 달러 이상을 투자하고 있다.

한국 시장을 확대하기 위해 초기에는 두산그룹과 3M이 공동 투자하여 한국 3M 주식회사를 설립하여 운영한 적도 있었다. 꾸준한 투자와 혁신적인 아이디어 제품의 출시로 한국 시장에서 연 매출 5,000억 원을 넘어섰으며, 두산그룹의 지분(40%)을 미국 3M사가 전액 인수하여 현재는 100% 3M 투자 회사가 되었다.

100년의 긴 역사 속에서 지속적으로 성장하며 불경기에 오히려 이익이 증가하는 대표적인 회사이다. 이러한 놀라운 성장의 비결은 3M의 갈고 닦은 창조적 혁신 경영의 실천과 적용에 그 노하우가 있다. 고객의 새로운 니즈는 계속 생겨나고 고객의 새로운 변화를 만족시키기 위한 3M의 아이디어 발상 노력은 계속되었다. 고객 니즈와 창출한 아이디어가 일치하게 되면 시장에서는 크게 환영받고 매출이 급격하게 늘어났다. 따라서 새로운 시장의 변화를 먼저 알고 혁신적인 아이디어 제품을 준비해온 기업만이 새로운 기회를 잡아서 매출로 연결하는 열매를 얻게 된다고 할 수 있다.

일반적으로 제품 개발의 방향을 크게 3가지 종류로 구분할 수 있다. 기발한 아이디어지만 고객의 니즈에 맞지 않는 제품을 개발하는 기업과, 고객이 원하는 제품을 개발하는 기업 그리고 고객이 아직 모르는 제품을 새롭게 개발하여 고객의 니즈를 새롭게 만들어 내는 기업이 있다.

3M은 고객이 원하는 것을 제공하려고 노력하지만, 이를 넘어 고객이 미처 깨닫지 못하는 제품을 미리 개발하여 고객 니즈를 미리 창출하기 위해 힘쓴다. 특히 3M의 신제품 개발은 자신들이 가진 기술에 대해서 3차원으로 심화시키고 응용하는 기술력이 있다.

접착제에 대한 기술력을 심화시키고 응용하여 스카치테이프를 만들었다. 이를 양면에 적용하여 양면테이프를 출시하였으며, 스카치테이프의 접착력을 더 강하게 해서 산업용 패키징테이프를 만들었다. 이처럼 기술에 대한 꾸준한 심화와 진화를 통하여 탄생한 제품이 포스트잇이라는 제품이다. 실패한 제품을 진화시켜서 문구 시장을 주도할 수 있게 되었다.

창조 시스템을 구축하라

3M 연구개발문화의 핵심요소 중 하나가 15% 규칙이다. 그것은 임원이든 간부든 일반 사원이든 간에 회사가 자신들에게 준 기본 업무 외에 새로운 아이디어를 탐색하고 창조적인 업무를 하는데 총 근무 시간 중 약 15%를 자유롭게 활용할 수 있다는 의미이다. 15% 규칙은 3M 내에서 기본 문화로 굳혀져 있지만 어떠한 규정집이나 매뉴얼 속에 기록되어 있는 것은 아니다.

15%라는 것은 그렇게 강제적이 아니므로 사람에 따라서는 15% 이상을 쓰고, 어떤 이는 15% 미만을 활용하며, 전혀 쓰지 않는 사람도 있다. 그러나 그 시간을 잘 사용하는 사람이 대우받고 승진도 빠르므로 15% 규칙을 잘 활용하여 창조적인 일에 시간을 투자하는 것이 하

나의 전통적 문화로 자리잡고 있는 것이다.

3M의 히트상품은 대부분 종업원들이 15% 규칙의 시간 내에 창조적인 활동으로 개발된 새로운 것들이다. 15% 규칙 이외에도 경영의 성과를 얻기 위해 정한 또 다른 규칙이 있다. 최근 3년 내에 개발된 제품으로 30% 매출을 구성한다는 '30% 규칙'이다. 그리고 'Make a little, sell a little'이라는 제도가 있어서 구성원이나 특정 부서에서 새로운 제품을 창조하면, 특별한 규제 없이 시장에 소개해 곧바로 고객으로부터의 반응을 관찰할 수 있도록 하는 제도이다. 상사가 모르는 비밀 프로젝트를 권장하여 상사를 놀라게 하는 제도이기도 하지만, 일종의 비밀리에 밀주를 제조하여 시장에 팔아서 반응을 체크하는 것이라 하여 '밀주 제도'라고 부르기도 한다.

3M의 기술을 심화시키고 응용하여 새로운 제품을 창출하는 데 공헌하는 시스템이 '기술 공유 확장 시스템'이다. 새로운 기술 개발과 창조적인 제품을 전사적으로 신속하게 확산하기 위해서 테크놀로지 페어와 포럼을 정기적으로 개최한다.

그리고 자사가 가진 핵심 기술을 종합적으로 이해하고 타 기술 간의 관련성을 이해하기 위한 '테크놀로지 트리'라는 기법을 잘 활용하고 있다. 자사가 가진 기술을 나뭇가지처럼 연결하여 기술의 응용성과 진화성을 한 눈에 파악할 수 있는 것이다. 기술 트리를 작성해보면 새로운 제품을 창조하기 위한 필요한 기술과 부족한 기술을 한눈에 확인이 가능하다. 또 신속하게 기술의 전개와 공유화를 쉽게 하기위하여 창조적 활동 중에 필요한 자사의 타 부서의 기술을 쉽게 가져다 쓸 수 있도록 하는 '기술 대출제도'가 있다. 제품은 사업부의 책임과 권한하에서 개발되고 판매되지만 기술은 회사의 자산이다. 그러므로 전사가 쉽게 접근해서 활용할 수 있게 하는 기술 공유 확장 시스템이 잘 만들어져 있다.

이러한 기술 트리와 기술 대출 제도는 시장에서 고객 불만족에 대한 빠른 대응을 가능하게 한다. 시장과 기술이 만나 이루어지는 마켓 접점에서 고객 니즈를 파악하여 새로운 제품을 창조할 때 개발의 속도를 낼 수 있는 아이디어를 얻게 된다. 또한 실패를 통해서 새로운 아이디어를 얻어내고, 실패 아이디어를 공유해 새로운 개발로 연결시키는 것에도 크게 기여하는 제도이다.

이러한 창조적 혁신의 실천으로 탄생한 산물 중의 대표적인 상품이 '포스트잇'이다. 아트 프라이Art Fry라는 연구원은 자신이 좋아하는 찬송가를 쉽게 찾아 부르기 위해서 메모지를 해당 페이지에 끼워놓았다. 그러나 메모지를 끼웠지만 쉽게 빠지거나 흘러버리는 것이 문제라고 생각했다. 아트 프라이는 15% 법칙의 시간에 정해진 페이지에 잘 들어가 있고 그것을 뗄 때에는 찬송가에 전혀 손상을 입히지 않을 정도로 접착성과 미끄러짐이 적당한 메모지를 개발하고 싶었다.

그러나 종이 메모지는 쉽게 미끄러져 떨어져버리기 때문에 '붙였다가 다시 뗄 수 있는 것'이 있으면 좋겠다고 생각한 것이다. 그때 기술 공유 확장 시스템에서 검색을 해보니, 어떤 직원이 접착제를 개발하다가 너무 접착력이 낮아 실패했다는 내용을 발견했다. '이것을 바르면 되지 않을까?'라는 생각이 출발점이 되어 '포스트잇'이라는 이름으로 재탄생, 20세기 후반 최고 히트 제품이 되었다.

이러한 창조적 혁신 문화의 구축으로 3M의 기술 근간은 지속적으로 확대되어 가고 있다. 비지니스 또한 지속적으로 성장해갔다. 종업원들은 고객 니즈를 만족시키기 위한 새로운 방법들을 찾고 기존 제품들도 아이디어를 확장시켜 새로운 상품들을 지속적으로 개발하였다.

새롭게 생산되는 혁신적인 제품들은 자동차의 부품을 붙이는데, 기저귀를 붙이는 데도 사용됐다. 컴퓨터 자료를 안전하게 보관할 수 있도록 백업받을 수 있는 제품과 치과용 충전제 및 건물을 깨끗하게 관리할 수 있는 제품 등을 잇달아 내놓았다. 도서관의 도서 도난 방지를 위한 제품도 개발됐다. 또한 부피는 줄어들었지만 더 편안한 섬유 보온 소재도 만들어냈다. 그리고 3M은 자연친화적인 기업이 되기 위해서 3P Pollution Prevention Pays 프로젝트를 제안하여 공해 발생을 근본적으로 방지하는 제품 개발에 박차를 가하였다.

3P 프로젝트의 운영으로 많은 아이디어를 실용화하여 공해를 줄일 수 있게 되었다. 제품, 공정, 일상업무에서 발생되는 여러 가지의 낭비와 공해 발생 요소를 줄일 수 있게 되었다. 또한 OHP 제조 기술에서 출발한 미세형상 복제기술을 기본으로 개발된 제품들이 많이 있다. 고속도로용에 적용되는 고휘도 반사 표시물이 소형 컴퓨터 스크린에도 적용되었다. 3M 최초의 상품이었던 연마재를 만드는 공정에도 활용되었다.

3M의 한 연구팀은 솔벤트를 함유하지 않은 조금 더 기능이 향상된

수용성 스카치가드 섬유보호제를 개발했다. 이 팀의 리더는 스카치가드 섬유보호제 최초 발명자 멤버의 아들이면서 동시에 3M 신세대 혁신가 모임의 일원이었다.

일하기 좋은 직장의 설문의 체크 항목에 반드시 들어가는 '내 자식에게도 취직시키고 싶은 회사인가?'라는 질문에 YES라고 답하는 대표적인 회사임을 증명하는 하나의 예이다.

개발자에게 확실한 명예를 주어라

신제품 개발자에 대한 회사의 인센티브 제도에 대해 놀라운 것이 있다. 3M에서 신제품의 발명은 업무의 일부로 간주되므로 새로운 개발에 대한 인센티브는 지급되지 않는다. 창조적 개발자에게 가장 중요한 보너스는 돈이 아니라 동료들의 기억 속에 영원히 남는 '명예'가 생긴다. 3M 최초의 연구 개발 사업부장이자 이후 3M 회장이 된 리처드 칼튼Richard Carlton의 이름을 따서 만든 '칼튼 협회Carlton Society'의 회원이 되는 것이다.

이 회원이 되는 권한은 동료의 추천을 받은 후 회사에 대한 공헌도, 창조성 등을 고려해 결정되므로 노벨상 수상에 필적하는 명예로 인식되고 있다. 역대 수상자들 중에는 로저 애플돈Roger Appeldorn, 제프 니콜슨Geoff Nicholson, 그리고 포스트잇 노트를 발명한 아트 프라이Art Fry 등이 있다. 그리고 수익성이 있는 신규 사업의 매출이 1000만 달러 이상을 달성하는 경우에 수여되는 '골든스텝상'이 있는데 기술 혁신의 실용적인 면을 표창하는 상이다. 그리고 15% 법칙을 활용한 시간에 개발된 획기적인 제품이나 사업을 창출한 직원들을 대상으로 '혁신가상Innovation Award'이라는 상도 새롭게 도입했다. 알다라 크림Aldara Cream, 외부 생식기 사마귀 치료를 위한 면역 조절제의 발명가인 리처드 밀러Richard Miller를 포함, 매년 10명 이상이 혁신가상을 수상하고 있다.

3M은 '보통 사람들이 모여 특별한 제품을 만들어내는 곳'이라는 모토를 걸고 있다. 항상 기업의 모든 구성원이 고객 니즈를 선도하는 특별한 제품을 창조해 공급하는 것을 최고의 업적으로 여겨왔다.

3M의 창조적 혁신 경영의 출발은 1907년에 20살의 경영학 전공 학생을 사서로 채용했고, 후에 경리 사원이 된 윌리엄 맥나이트에 의해 출발했다고도 할 수 있다. 그 이후 윌리엄 맥나이트는 고속으로 승진을 계속해 1929년에는 사장에 임명되었다. 1949년에는 최고경영자로 선임됐다. 그는 자동차 차체 공장에서 주로 사용하는 사포가 유연하지 못한 것에 착안하여 유연성 있는 새로운 사포를 발명하여 3M의 첫 배당을 달성하게 한 인물이다.

맥나이트의 최대 공헌은 그가 종업원들의 자발성과 창조적 혁신을 장려하는 기업 문화를 만들어 창조적 혁신 경영의 철학을 세웠다는 점이다. 그의 창조적 혁신 경영에 대한 기본 방침은 그의 어록에 서 찾아볼 수 있다.

"사업의 성장이 계속되려면 종업원들이 자발성과 창조성을 충분히 발휘할 수 있도록 권한을 위임하고 격려하는 일에 최선을 다해야 합니다. 이러한 문화를 정착시키기 위해 상당한 포용력이 필요합니다. 책임과 권한을 위임받은 사람들이 선의의 사람들이라면 그들은 자신들이 원하는 방식으로 일하기를 바랄 것입니다."

"실수는 일어날 수 있습니다. 근본적으로 올바른 생각을 가진 종업원이 저지르는 실수는 장기적으로 볼 때 권장해야 합니다. 경영진이 권한을 내세워 종업원에게 일하는 방식을 일일이 조목조목 지시하며 창조성을 방해하는 것이 더 큰 실수입니다. 미래를 준비하는 젊은 사원의 의욕을 상실하게 하는 심각한 일입니다."

"실수를 저질렀을 때 이를 심하게 비판하는 경영진은 종업원의 자발성과 창조성을 죽이는 행위입니다. 우리가 계속 성장하기 위해서는 스스로 생각하여 아이디어를 내는 자발적이고 창조적인 사람들이 필수적으로 필요합니다."

그는 창조적인 혁신 문화 조성을 위해 무척 열심히 노력했고, 그 노력이 성과로 연결되어서 3M의 사장과 최초의 회장이 되었다. 그의 지도력과 리더십은 회사의 장래 모습을 그려내는 데 많은 기여를 했다. 윌리엄 맥나이트의 창조적 혁신 경영 철학과 그를 통해 만들어진 창조문화는 3M이 세계적인 기업으로 성장하는 중요한 인프라가 되었다.

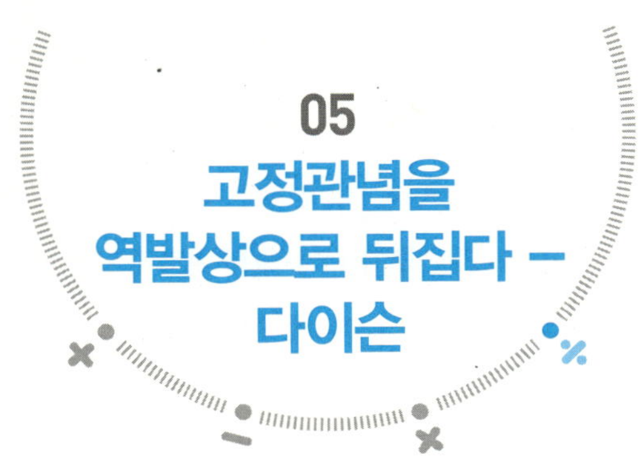

05
고정관념을
역발상으로 뒤집다 –
다이슨

어떤 제품을 사용하면서 한번쯤 이런 생각을 해본 적이 있을 것이다. '이런 기능이 추가되면 더 좋을 텐데, 이렇게 구조를 바꾸면 더 좋을 텐데 왜 반영되지 않는 것일까?'라고 투덜거려 보지만, 그 니즈를 직접 제품에 구현시키는 사람은 매우 드물다.

레오나르도 다빈치가 사용했던 수첩에는 망원경, 비행기, 낙하산, 인쇄기 등의 스케치가 그려져 있었지만, 아이디어를 구현하지는 못했다. 반면 제임스 다이슨은 아이디어와 생각을 실행하여 혁신적인 사고를 제품화시켰다.

'팬과 날개가 없는 선풍기를 만들 수는 없을까?'

'철망이 없어도 아이들이 안전하게 사용할 수 있는 선풍기는 없을까?'

다이슨은 100년간 지속된 고정관념을 깨고, 이러한 불편함과 의문이 한꺼번에 해결하였다. 보통 사람들이 들어보면 정신 나간 사람의 발상이라고 생각했을 것이다. 하지만 팬 없이 둥글게 뚫린 곳에서 바람이 나오는 다이슨의 선풍기는 미국의 〈타임〉지가 선정한 가장 혁신적인 제품 톱10에 선정되었다.

역발상 선풍기의 원리는 복잡하지 않다. 둥근 원통을 지탱하고 있는 아래쪽 받침대에서 모터로 1이라는 바람을 만들어 위쪽 둥근 원통으로 전하는 동안 12배로 증폭시키게 만든다. 그 바람이 동그란 몸통의 뒤쪽에서 앞쪽으로 나와 시원하게 한다. 비행기가 날아갈 때 기류가 형성되는 것처럼 공기의 흐름을 빠르게 하면 주변에 있는 공기들도 기류에 합류하여 강한 바람을 일으키게 하는 원리이다. 텅 빈 원통에서 강한 바람이 나온다는 것은 100여 년간의 선풍기에 대한 고정관념을 한 순간에 깨뜨린 역발상의 좋은 사례이다.

다이슨이라는 회사는 런던에서 서쪽으로 차로 1시간 30분 정도의 거리에 위치한 맘스버리Malmesbury라는 곳에 있었다. 맘브리스에서는 가전회사 다이슨의 명성은 자자하다. 그 지역 사람들은 7세기에 처음 세워진 맘스버리 성당만큼이나 소중하게 생각하는 회사이다. 다이슨의 R&D는 영국 본사와 싱가포르, 말레이시아 연구소에서 이루어진다. 1000명이 넘는 연구원들이 지구상에서 존재하지 않는 제품을 구현하기 위해 노력하고 있고, 연구소는 24시간 가동되고 있다. 이러한 노력의 결과로 청소기에 관련되어 소유한 특허수가 1300여 개 달한다. 다이슨 본사 직원의 3분의 1은 엔지니어이며, 영업이익의 절반이 넘는 비용을 연구개발에 투자하여 고정관념을 역발상으로 뒤집는 신제품 개발에 지혜를 모으고 있는 것이다. 다이슨 제품의 차별화를 위

해 여러 분야의 내로라하는 전문가들이 융합의 기술을 활용한 노력의
결과가 속속 나타나고 있다.

아이디어를 현실로

제2의 에디슨, 영국의 잡스라고 불리는 다이슨은 영국 왕립 미술학
교에서 산업 디자인을 전공하였다. 먼지 봉투가 없는 청소기를 개발
하여 세계적인 디자이너로서의 명성을 얻게 되었고, 엄청난 부를 축
적할 수 있었다. 그의 청소기는 80만 원이라는 비싼 가격이지만 세계
청소기 시장에서 1등을 달리고 있다.

1978년, 제임스 다이슨은 도장실의 필터가 오래 사용하면 도료입
자에 막혀서 수리를 자주해야 하는 고질적인 문제를 해결과제로 삼고
연구했다. 다이슨은 원심력을 이용하면 막히는 문제를 해결할 수 있
다는 아이디어에 착안하였다. 중력의 100,000배를 넘어서는 원심력을
이용하면 도료입자가 걸러진다는 것을 확인하고 싸이클론 타워를 만
들어서 필터가 막히는 문제를 해결했다.

도장실 필터가 막히는 문제를 해결한 원리를 청소기에도 적용하
여, 5년의 시간과 5127개의 시제품을 제작하여 획기적인 제품을 개발
했다. 하지만 실용화하는 데는 어려움이 더 많았다. 100여 년 동안 청
소기에 먼지 봉투를 달고 사용했던 고정관념에 박힌 소비자들과 봉투
판매업자들의 방해 때문이었다. 먼지 봉투 없는 청소기라는 획기적인
아이디어에 대하여 실용화하려는 회사를 찾아서 어렵게 판권을 팔았
지만, 신제품의 판매에 별로 관심을 보이지 않아서 제임스 다이슨은

1993년에 자기 손으로 청소기를 만들어야겠다는 결심을 하게 된다.

다이슨 청소기는 출시 18개월 만에 영국 내 판매 1위 청소기가 되었고, 현재 영국 가정의 3분의 1이 이 청소기를 사용하고 있다. 그리고 세계에서 가장 경쟁력 있는 청소기 회사로 성장하였지만, 이후에도 끊임없이 연구하여 청소기의 배출공기가 오염되어 문제가 있다는 과제도 해결하였다. 대기압의 15만 배의 힘으로 공기를 회전하면서 정화시키는 기술을 개발하여 실내 공기보다 깨끗한 공기가 청소기에서 배출되게 하는 기능도 추가하였다.

최근에는 전력사용량이 기존 제품의 25% 수준이면서 속도는 2배 빠른 손 건조기도 인기가 있다. 시속 640㎞의 공기를 분사해서 손의 물기를 순식간에 제거하는 세계 최단시간 손 건조기를 개발한 것이다. 이와 같이 이상적인 생각을 제품화로 연결시키는 다이슨의 실천력은 아이디어만 만발하고 제품화를 하는데 힘들어하는 회사에서 꼭 배워야 할 퓨처마킹이다.

5

혁신으로 승부하다

01
수평사고를 끌어내어 실천하는 타운 미팅 – GE

GE는 수평사고를 적용하여 개성을 발휘하는 톡특한 방법을 개발했다. GE인들의 생각과 일하는 방법을 바꾼 방법이 있는데 그 이름이 워크아웃 타운 미팅Work-out town meeting이다. 마을Town회의를 하듯 자유로운 분위기 속에서 조직 내의 공동 관심사를 해결하는 의사결정방식을 말한다. 궁극적으로 조직 구성원 각자가 자신의 문제를 스스로 해결하도록 함으로써 부가가치 없는 일Work을 제거Out하는 회의가 워크아웃 타운 미팅이다.

새롭게 개선된 안을 받아들이고, 실천을 꺼리는 경영자와 관리자들에게 종업원들과 직접 부딪치게 한다. 경영자가 의견을 제시하기보다 종업원들의 의견과 건의사항을 개선안으로 만들어서 창의력의 창구를 활짝 여는 미팅이다. 그리고 업무에만 매달려 경직된 시스템과 까다로운 절차 때문에 입을 닫고 사는 직원들에게 아이디어를 활발하게 내도록 하는 프로그램이라고 할 수 있다.

GE는 조직원들을 통해 발굴되는 정보와 아이디어를 기업이 보유한 어느 자산보다도 가치가 높은 중요 자산으로 인식하고 있다. 조직 전체가 이를 공유할 수 있는 개방적 조직 문화를 구축하기 위해 만든 제도가 '타운 미팅'이다. 단순한 행사가 아니라, 문제를 해결하는 프로세스이자 생각하는 방법의 변화를 주는 것이다.

그리고 임원과 간부와 사원들 간의 대화를 자유롭게 하는 수단이기도 하다. 조직의 변화를 위한 기폭제가 되며 조직과 사람의 상호관계와 역할 그리고 업무의 추진 방법을 변화시키는 수단이다. 상부에서 하부까지 회사의 전반적인 변화를 위한 도약점이 되기도 한다.

타운 미팅은 직원들의 근무 의욕을 높이고 일하는 보람을 가지게 해준다. GE의 제품 조립 라인에서 수년째 일하고 있는 단순 노동자인 한 흑인 근로자가 있었다. 그녀는 기계적으로 매일 반복되는 단순 작업에 눌려 삶의 의미를 잃어가고 기계가 되어버린 느낌이었다. 오랜 작업 경험으로 자신의 일에 숙련된 그녀는 제품 조립 라인에 약간의 작업 방식을 변경하면 효율이 훨씬 좋아지리라는 생각을 갖게 되었다. 그래서 자신의 상사를 찾아가 이 좋은 방법을 제안해 보았지만 상사는 오히려 꾸중을 하였다.

"당신의 일은 부품을 조립하는 것이오. 영역을 벗어난 일에 신경 쓰지 말고 생산 목표나 달성하시오."

그 후 그녀는 자신의 깊은 곳에서 우러나오는 자기 실현의 욕구를 실현하지 못해 일하는 재미도 느끼지 못하고 일하는 보람도 잃어버렸다. 그런데 어느날 그녀는 자신의 일과 관련된 테마를 해결하는 타운 미팅에 참여하게 되었는데 이 자리에서 예전의 아이디어를 잭 웰치에게 이야기할 수 있었다.

사장이 자신의 이야기를 진지하게 들어주는 것만으로도 만족했는데, 그 아이디어는 그 자리에서 바로 토론을 거쳐 제안으로 채택되었다. 워크아웃 타운 미팅 후 그녀의 제안대로 제품조립라인이 개선되어 전보다 훨씬 작업하기 쉽게 되었다. 매일 반복되는 무의미한 생활 속에서 자신의 생각이 소중히 받아들여지자, 개선 활동에 적극적으로 참여하고 직장생활에 큰 보람을 느끼게 되었다. 그 후 거의 매일 개선안을 기록하고 모아서 제안하였다. 그리고 연말이 되어 그녀는 자신이 제공한 아이디어로 생산성 향상분에 대한 일부를 거액의 상여금으로 받았다.

이와 같이 전 직원의 활발한 의사소통을 통해 창출된 다양한 아이디어를 경영에 신속하게 적용하기 위한 방법이 워크아웃 타운 미팅 Work-out town meeting이다. 이 미팅은 GE인들의 생각과 일하는 방법을 바꾼 GE개혁의 중추적인 운동으로 자리매김하였다.

워크 아웃은 다음의 4가지 당면 목표들을 갖고 탄생하였다.

1. 활발한 의견 도출로 종업원, 경영층, 관리층의 신뢰를 구축한다.

2. 직무에 대해서는 관리자보다 일을 직접 수행하는 직원이 더 잘 알고 있으므로 그들의 적극적인 참여를 유도하기 위해서이다.

3. 불필요한 업무를 제거하고, 업무 처리의 리드 타임을 단축하기 위해서이다.

4. 창조적 혁신 문화를 창출하기 위해서이다.

타운 미팅에서 성과를 얻기 위해서는 진행 순서를 제대로 설명하고, 과제를 해결해가는 프로세스대로 진행해야 한다. 타운 미팅의 진행 프로세스는 10가지 단계가 있다.

[1단계] 개회인사 및 진행 안내(30분)

- 타운 미팅 실시 배경 및 의의
- 각 조별 진행 요원 소개 및 당부사항
- 개인별 교재 지급 및 조 편성 확인
- 타운 미팅의 진행 절차, 시간 계획 및 토론 기법 개략 설명
- 조별 조장, 서기 선출
- 숙소, 식당, 시설 이용 안내 및 유의사항 전달

[2단계] Ice-Breaking 진행(1시간 30분)

- Team Building, 참가자 상호 간 인사
- 팀워크 강화를 위한 게임 등으로 Ice-Breaking한다.

[3단계] 토론 주제 부여(20분)

- 최고 결정권자가 미팅 개최 의의 및 주제 선정 배경 설명
- 당부사항 설명
- 최대한 자유로운 분위기를 조성하고, 발언 내용에 대해 어떤 불

이익도 없음을 언급해야 하며, 도출된 건의안에 대해 최대한 반영하는 것을 강조한다.

[4단계] 현상 분석(2시간)

주 진행자는 현상 분석 단계의 토론 방향 제시하고, 조별 경쟁심리를 유발시키며, 주제 관련 목표와 현실과의 갭 인식으로 제반 문제점을 도출하도록 주지시킨다.

진행 순서 및 진행 방법은 다음과 같다.

- 조별 진행 요원의 기법에 대한 보충 설명한다.(5분)
- 아이디어 발상(1시간): 브레인스토밍 기법에 따라 실시한다.(10분 아이디어 제시 → 5분 휴식 → 10분 아이디어 제시 순서로 반복한다. 통상 아이디어 수는 70~100개 수준이며 많을수록 좋다.)
- 아이디어에 대한 평가 및 조별 3개 안을 선정한다.(50분)
- 1, 2명을 지명하여 아이디어 중 유사안을 통합한다.
- 아이디어 평가 시 가급적 구체적으로 표현한다. 서기 역할이 중요하다.

[5단계] 토론 과제의 선정(1시간)

- 조별 선정된 토론 과제를 조별로 3개 안을 각각 5분씩 발표하고 질의 응답한다.
- 유사안을 통합하고 잔여 과제가 조별로 고루 배분되도록 한다.

아이디어를 통합하는 과정에서 자신의 조가 낸 아이디어가 지워지는 것에 불만 소지가 있더라도 이해하도록 주지시킨다.

- 약 20분간 전체 투표를 하며 개인별 투표용 스티커를 3부씩 배부한다. 단 진행요원은 투표권 없다.
- 투표요령을 설명하고 각자 자신이 선정한 3개 안을 스티커에 적어서 각 안의 왼편에 부착하도록 한다.
- 득표 수 확인 및 우선순위를 결정하고 과제를 배분한다.(10분)

[6단계] 원인 분석(2시간)

원인 분석 단계의 토론 방향을 제시하고, 주제와 토론 과제와의 차이점을 설명한다. 그리고 왜를 3회 이상 추구하여 문제가 발생된 참 원인을 분석한다. 제시된 원인을 스티커에 기재하여 해당 과제에 붙인다. 경쟁심을 유도하기 위하여 다른 조의 진행 상황도 수시로 확인하여 멤버들과 공유한다. 제시된 의견을 평가하여 가장 긍정적인 원인을 선정한다.

[7단계] 해결 방안 선정(1시간 30분)

개인별 백지 A4용지 1장씩 배부하여 선정된 최종 원인을 해소할 수 있는 방안을 찾도록 한다. 그리고 각자 자신이 생각하는 방안을 기재한 후 테이블 중앙에 덮어 놓는다. 조장은 이를 잘 수거하여 잘 섞은 다음 돌아가면서 각자 하나씩 읽게 하고 기록하게 한다. 제시된 해결 방안 중 가장 좋은 안을 선택하며 선택 방법은 시행 효과 및 노력도 등을 고려하여 투표로 결정한다.

[8단계] 실행 계획의 수립(1시간)

선정된 안의 실행 계획을 2부 정리하여 1부는 주 진행자에게 제출하고 1부는 발표자용으로 준비한다.

[9단계] 건의안 발표 및 강평(2시간)

조별로 15분 이내 발표하며 발표 시간을 준수하도록 사전에 리허설을 해보아야 한다. 조별 과제에 대해 원인 및 해결안을 발표한 후에 건의안을 의사결정자에게 직접 제출한다. 발표가 끝난 후 참관자 또는 의사결정자의 질의에 답한다.

의사결정자는 조별 건의안을 차례대로 읽고 수용 여부를 Yes, No로 명확하게 결정하며 추가 자료가 필요 시는 요청한다. 그리고 발표에 대한 격려를 아끼지 말아야 한다.

[10단계] 사후 처리

조별로 문제점, 원인 분석, 해결 방안, 건의안별로 정리하면, 조별 자료를 통합하여 수합하고 폐회한다. GE는 새로운 아이디어가 조직의 어디에서 만들어졌느냐에 상관없이 이를 신속하게 발굴하고 효율적으로 수용하여 적용한다. 조직의 외부에서도 새로운 아이디어가 발굴되면 이를 빠르게 도입하고 실행할 수 있도록 하였다.

GE는 업무상 실패에 대해서도 목표가 정당하고 목표 달성을 위해 최선을 다했다면 실패의 책임을 묻지 않는다. 이러한 조직의 수평적 사고에 근거한 타운 미팅이 GE를 세계 최고의 기업으로 유지시켜 주는 주요한 경영 활동 중의 하나이다.

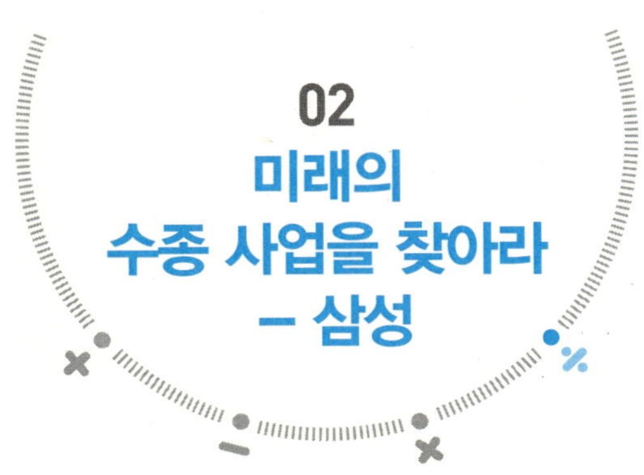

최근 우리나라 기업들도 세계 1등 제품들을 속속 출시하고 있다. 이러한 점들은 우리 기업들도 동네 축구 선수에서 벗어나서 월드컵에 도전하는 글로벌 초일류기업을 향한 속도를 가속화하고 있다는 징조이다. 그러나 일부 대기업을 제외하고는 아직 독창적인 사업이나 제품을 내기보다는 특허를 비켜가는 연구에서 벗어나지 못하는 모방 경영이 대부분이다.

세계 1등이 되고 나면 남이 가던 길을 갈 수 없다. 새로운 길을 찾아 나서지 않으면 길을 가르쳐 주는 사람도 없다. 자사 나름의 새로운 문화를 창조하고 신기술을 개발하기 위해 여행을 떠나야 한다. 해외 관광여행은 출발지점으로 돌아옴을 전제로 하지만, 창조 경영을 위한 여행은 다시 돌아오는 길이 아니다. 미래의 수종 상품과 사업을 개발하고, 새로운 프로세스와 혁신된 마인드를 찾아서 남보다 빨리 목적지를 향해가는 길고 먼 여행이다. 이 여행이 멈출 때 또는 출발지로 돌아오는 여행이 될 때 글로벌 경쟁에서 낙오된 기업으로 등재되는 수모를 겪게 된다. 삼성은 미래의 수종 사업을 미리 준비하여 성공한 대표적인 회사이다.

미래를 열고 대비하는 법

1. 미래를 예견하고 옳다고 판단하면 과감하게 결단하고 투자한다.

미래의 수종 사업이나 상품을 미리 준비하는 것이 미래의 위기에 대응하고 경쟁사를 이기는 가장 좋은 방법이다. 두바이는 20년 후 석유가 바닥났을 때 먹고살 것이 없다는 위기를 예견했다. 그래서 두바이는 관광과 쇼핑의 도시로 다시 태어났다.

삼성전자의 반도체 사업이 시작된 것은 1974년이며, 이건희 회장이 동양방송 이사로 있을 때이다. 당시 경영진의 반대에도 무릅쓰고 이 회장은 이 사업은 반드시 성공할 수 있다고 예견하고 파산한 한국 반도체를 사재를 털어 인수하여 반도체 사업을 시작했다. 천문학적인 액수가 들어가 일본 기업들이 반도체 불황으로 설비투자를 주저하고 있을 때 삼성전자는 신규 라인을 증설하여 호황기의 수요를 대응할 준비를 하였다. 예상대로 1988년에 수요가 급증하자 13년간의 누적 적자를 전부 해소할 수 있었다.

1992년에는 세계 최초로 8인치 라인을 만들고 그 다음해에 메모리 분야에서 세계 1위가 되었다. 그리고 2006년 3월에는 32기가 플래시 메모리 기반인 SSD^{Solid State Disk}를, 9월에는 40나노 32기가 대용량

저장 능력이 뛰어난 낸드 플래시메모리NAND Flash와 초미세화, 고용
량화, 고성능을 한꺼번에 실현시킨 CTFCharge Trap Flash를, 10월에
는 50나노 1기가 D램, 12월에는 퓨전메모리 원D램을 세계 최초로 개
발했다.

반도체 수명은 보통 3년이다. 그리고 제때에 시장에 내놓으면 프리
미엄이 붙지만 늦으면 30% 정도 가격이 하락한다. 삼성이 이와 같이
성공할 수 있었던 것은 미래의 문제를 미리 준비하고 해결하기 위해
창조적 리더의 미래에 대한 선견력과 과감한 결단력으로 경쟁사와의
시간과 투자 싸움에서 이긴 결과이다.

2. 끊임없이 화두를 던진다.

이건희 회장은 기업 환경이 바뀌거나 경영 위기가 닥칠 때마다 '경
영 화두'를 던지며 새로운 변화를 이끌어왔다. 새로운 경쟁 환경과 미
래의 흐름을 예견한 이 회장의 경영 화두들은 하나같이 각 경영대학
원이나 글로벌 기업들에 유행어로 부상했을 뿐 아니라, 삼성그룹의
변화를 유도해 그것을 경영의 성과로 크게 이끌어내기도 했다.

1992년 위기 경영, 1993년 신경영, 1994년 천재 경영, 1996년 시
나리오 경영, 1997년 스피드 경영, 2001년 강소국론, 2003년 나눔 경
영, 2005년 디자인 경영, 2006년 마하 경영과 창조적 경영 2013년 위
기 경영 등이다.

이러한 화두를 던지면 각 사의 TOP에서부터 그 화두를 실천하기
위해 먼저 생각을 하게 된다. 상세한 내용은 없기 때문에 사별로 회장

의 화두를 실천하기 위해 부하들과 토론이 활발하게 깊이 있게 진행
된다. 각 사 사장 또한 부하들의 생각과 의식을 캐치볼을 통해서 잘 이
해할 수 있는 기회가 된다. 각 사별로 얻은 결론을 회장의 호출이 있
을 때나 전략기획실을 통해 보고 드리면 그 말을 듣고 회장도 나름대
로 화두에 대한 개념을 재정립할 수도 있다. 생각했던 것과 차이가 나
면 다시 생각하게 하는 화두를 던지는 것이다. 임원을 비롯하여 간부
들에게 생각하고 지혜를 내게 하는 좋은 훈련 방법이라고 할 수 있다.

화두를 던진다는 것은 인재들의 의견을 적극적으로 청취를 하기
위한 방법 중의 하나이다. 지시 일변도의 방식으로는 부하들이 생각
하지도 않고 다만 상사가 지시한 것만 해놓고 기다린다. 그리고 그 지
시한 것만 잘 해결하면 유능한 부하로 인정받는다. 이런 기업들은 주
로 자수성가한 오너 기업에서 나타나는 경우가 많다. 조직이나 시스
템으로 하는 것이 아니라 오너의 탁월한 능력으로 이끄는 '원맨 경영'
이라고도 할 수 있는데, 이런 기업들은 유능한 오너가 사라지고 나면
경영이 어려워진다. 대표적인 예가 현대그룹이라고도 할 수 있다.

훌륭한 기업은 기술과 자본만으로 만들어지는 것은 아니다. 훌륭한
CEO의 현명한 결단과 추진력만으로 만들어지는 것도 아니다. 기업
은 근본적으로 사람들의 조직이다. 자본을 집행하는 것도, 기술을 개
발하고 활용하는 것도, 설비 확장을 추진해 나가는 것도 결국은 그 조
직에 속해 있는 사람들이 한다. 훌륭한 전략을 세운다고 해도 그것을
실행하는 것은 역시 사람들이다. 삼성그룹에는 위대한 창조적인 인재

들이 있다. 그 인재들의 의견을 회장의 화두 제시를 통해 청취하고 다시 피드백하여 결정하므로 마음을 모아서 한 방향으로 나가게 하는 방법이 된다.

이병철 선대 회장이 3남인 이건희 회장을 후계자로 지명한 후 '경청'이라는 글을 붓으로 써 주면서 그것을 좌우명으로 삼게 했다. 즉 아랫사람의 말을 잘 듣고, 부하의 생각하는 바를 알고 경영을 하라는 뜻이다. 화두를 던져서 그 화두에 대한 이해력과 실천 의지를 각 사의 대표이사의 보고를 통해 확인할 수 있다. 구조조정 본부에서 그 실천결과를 정리하여 보고 받으므로 화두에 대한 성과를 서서히 확인할 수 있다.

그리고 이 회장과 임원들과의 사이에는 경륜이나 경험 등 시각의 차이가 많다. 화두 제시를 통해서 이 회장과 임원들 사이에 생각의 차이에 대한 갭을 소화할 시간을 제공해주고 있다고도 할 수 있다. 상세하게 세부적으로 지시하면 서로 간의 인식이나 생각의 갭은 뒤로 제쳐 두고 실행하기 위해 바로 달려가므로 영원히 그 갭은 메울 수 없기 때문이다.

이러한 훈련을 하는 것은 제3대 이재용 체제를 위한 준비라고도 할 수 있다. 이 회장의 생각과 같은 시각을 가진 경영자를 미리 육성해 둠으로써 아들이 부족한 부분을 조직적으로 해결하기 위한 방법이 화두 경영이라고도 할 수 있다.

'김밥 사상'은 한정식처럼 단지 한 끼 먹기 위해 진수성찬이 아니라, 같거나 더 나은 기능이나 성능을 가지도록 생략하고, 결합하고, 축소하고 재배열하여 김밥이나 주먹밥식으로 신제품 개발을 한 방으로 끝내라는 사상이다.

대표적으로 성공한 사례가 제2 퓨전메모리인 원D램(One D램)이다. 원D램 기능은 기능이 다른 모바일 D램을 하나로 합쳤다. 휴대전화의 통신 기능을 하는 D램과 동영상 등 멀티미디어 기능을 담당하는 결합한 제품이다. 데이터 처리 속도를 포함하여 휴대전화의 성능이 5배나 향상되는 효과가 있다.

통합된 기능을 가지므로 조립 공정도 줄고 자재, 품질 관리, 코스트 등에서 획기적으로 개선할 수 있는 장점이 나타나는 것이 김밥 사상이다. 김밥 사상을 적용하여 매출 5배가 늘어도 라인 증설 없이 가전 제품을 생산하게 된 경우도 있다. 이것이 가능한 것은, 부품 500개인 제품을 김밥 사상을 넣어서 100개로 줄이어서 만들 수 있게 하였더니 공장 스페이스가 줄어서 생산량이 늘어도 납기에 잘 대응할 수 있었다. 그리고 부품이 줄어드니 가격도 500달러에서 20달러가 되어서 경쟁사에서 도저히 못 따라오는 이익 구조로 창조적 혁신에 성공하였다.

공정에서도 김밥 사상을 실천하여 크게 성과를 보고 있는데 이를 '셀 생산 방식'이라고도 한다. 국내 매스컴을 통하여 셀 생산 방식이 대대적으로 보도되기 시작하였다. 셀 생산 방식은 2000년에 접어들

면서부터 국내의 성공 사례가 발표되기 시작하였고, 셀 신드롬이라고
불릴 정도로 급속도로 확산되기 시작하였다.

특히나 경기 침체와 무차별적인 가격 파괴, 동남아 개발도상국들의
맹렬한 추격전에 고전하던 국내 기업들에는 경쟁력 향상을 위하여 살
아남기 위한 방식으로 도입되었다.

삼성전자는 수십 미터의 직선 컨베이어 라인에서 50여 명의 작업
자에 의하여 생산되던 TV가, 단 3인에 의해 생산되다가 다시 개선하
여 1인에 의해 생산하게 되었다. 개개인이 다양한 제품을 조립하기 위
해서는 다능화가 되어야 소화할 수 있기에 다능화 훈련에도 주력하였
다. 그러나 셀 방식으로 생산은 원활하게 진행되었으나, 자재 조달 검
사 물류 간에 연결이 원활하지 못해 혁신의 성과가 반감되었다.

이 문제를 개선하기 위하여 제품별로 팀을 조직하여 팀의 책임자
가 발주에서 납품까지 흐름 전체를 스스로 의사결정하여 운영하도록
했다.

그 결과는 대성공이었다. 셀 방식과 총괄책임 제도의 결합으로 인
당 생산 능력이 20%나 향상되었으며 재고는 70%나 절감되었다. 그러
나 셀 방식을 도입할 때는 신중하게 추진해야 한다. 무리는 무리를 낳
게 되어 최종적으로 '셀 생산 방식은 우리에게 맞지 않는다'고 하기도
하고 또는 '아직 우리에게는 무리다'라는 부정적인 결론에 도달하여
중도에 포기하기도 한다.

과거에 우리가 추진해 왔던 IE, TQC, TPM 등 여러 가지 좋은 기
법들도 그 결과가 기대했던 것만큼 만족스럽지 못했던 것은 사실이다.

투자에 비해 성과가 미미했던 것은 기법에 대한 이해와 추진상의 문제라고 생각된다. 대부분 그 기법 자체가 목적이 되어 활동하다가 결국에는 또다시 새로운 기법으로 눈을 돌리는 악순환을 거듭하여 왔다.

어쨌든 현재까지 발표된 많은 생산 형태 중, 가장 합리적이고 낭비가 적으며, 최근의 다품종 소량생산 형태에 적합한 생산 방식은 U라인과 Cell라인으로 알려져 있다.

U라인은 일본의 도요타 자동차에서, Cell라인은 스웨덴의 볼보 자동차를 거쳐 미국의 컴팩사에서 완성된 생산 시스템으로, 현장의 낭비를 제로Zero화하여 다품종 소량생산 체계에 적합하도록 4M Man, Machine, Material, Method을 최적화시킨 가장 경제적이며 슬림Slim화된 김밥 사상 라인이라고 할 수 있다.

그러나 중요한 것은 이러한 라인의 형태에 있는 것이 아니라, 이들 생산 시스템의 장점을 파악하여 자사의 실정에 맞게 도입함으로써 자사 고유의 생산 시스템을 구축하는 것이 더욱 중요한 일이라고 할 수 있다.

4. 창조적 혁신 경영을 강력하게 추진을 위해서는 FM Future-marking이 필요하다.

삼성이 이와 같이 글로벌 기업이 된 주요한 요인 중의 하나는 일본이라는 유능한 선생이 가까이 있었다는 것이다. 선대 회장은 해마다 연말 연초를 동경에서 지내며 일본 언론의 경제기획 특별 프로그램이나 경제 전망 등을 보면서 자신의 사업 구상을 정리하곤 했다.

1959년 12월 말에 출장을 마치고 귀국하려고 했지만, 서울에 폭설이 내려서 비행기 이륙이 어려워서 할 수 없이 연말을 일본에서 머물게 되었다. 그때 TV에서 다음 해의 경제 전망이나 환경 변화 등을 총정리해 주는 프로그램을 보게 되어 삼성이 새해에 해야 할 사업이나 방향을 정하는 데 크게 도움이 되었다. 그리고 부족한 부분이 있으면 담당 기자를 만나기도 하고 전문가나 학자를 만나서 질문을 하면서 조언을 들었다. 신규 사업에 대한 구상이 떠오르면 넓은 인맥을 활용하여 미래를 미리 준비하는 일본의 관련 기업 대표를 만나서 궁금한 정보나 실제적인 사례도 들을 수 있었다.

10년 후의 미래를 미리 내다보고 앞서가는 일본 기업의 방식을 철저하게 배워서 자기 나름대로 소화한다. 귀국 즉시 비서실에서 검토하게 하여 새로운 사업이나 일본의 경영 방식을 삼성에 뿌리내리도록 했다. 선대 회장의 톡톡한 일본 FM사례로 매년 연초에 동경에서 보낸 한해를 정리하고 새해를 기획했는데, 이를 '동경구상'이라고 한다.

1997년 전후, 국내 기업들이 IMF의 혹독한 환경을 겪고 나서 미국식 경영 따라하기 바람과 함께 미국(BPR, TOC, 특히 GE의 6시그마) 배우기 열풍이 불었다. 특히 삼성, LG, 현대 자동차를 중심으로 모토롤라 및 GE 벤치마킹을 위해 미국 방문이 붐을 이뤘다. 국내 컨설팅 회사들이 채 기법을 익히기도 전에 기업이 나서서 직접 미국에서 기법을 도입하여 적용하는 현상이 발생했다.

특히, 삼성 이건희 회장의 아들 이재용 씨는 GE를 직접 방문하여 몇 개월간 연수를 하였으며 당시의 잭 웰치 회장 개인이 직접 가르칠 정도로 관심을 보였다고 한다. 그 후 삼성의 각 사별로 6시그마 배우기 열풍이 불기 시작했다. 이 기법은 삼성의 품질 향상에 크게 기여를 했다. 삼성의 차기 후계자가 직접 배울 정도로 관심을 보이자 각 사의 임원들과 대표들은 6시그마에 공부를 할 수 밖에 없었다. 경영자가 솔선수범해서 공부하다 보니 자사에 도입 필요성을 느끼는 것은 당연했다. 교육비와 컨설팅 비용을 쉽게 사용할 수 있기에 직원들에게 신속하게 교육시키고 그 결과 많은 성과를 얻을 수 있었다.

6시그마를 배우기 이전에는 삼성을 비롯하여 국내 그룹사들이 도요타 경영 방식을 배우기 위해 많은 간부들이 일본 연수를 실시하였다. 하지만 일본 경제가 장기 불황에 빠지자 배우기를 단념하는 분위기였다. 그러자 IMF가 왔고 미국의 구조조정 전문 컨설팅 회사들이 앞다투어 들어와서 금융권을 비롯한 대기업이 막대한 비용을 지출하면서 구조조정 컨설팅을 하게 되었다. 이러한 미국의 경영 방식에 대한 보급으로 일본 방식이 멀어져 갔다. 그러나 불황 속에서도 끊임없이 성장하는 도요타에 대한 기사가 연일 기사화되자 다시 2007년부터 국내 기업들이 도요타 배우기로 전환을 하여 관심을 갖기 시작했다. 그 후에 삼성의 전 계열사가 도요타 경영 혁신을 철저하게 배우고 받아들였다.

삼성전자는 부회장단 및 사장단 400여 명의 임원을 단체로 일본 도요타 자동차에 연수를 보냈다. 대부분의 임원이 1990년 전후에 도요타를 방문하여 교육을 받았지만, 다시 한 번 허리띠를 동여매는 각오를 다지기 위해서 위에서부터 솔선하여 교육을 받았다.

그리고 뒤를 이어 기술 개발, 품질, 인사, 관리 지원, 연구·개발 등 모든 부서에 걸쳐 500여 명 이상의 일선 간부들이 같은 기간 나고야 지역의 기후차체라는 도요타 협력 회사에서 연수를 받았다. 세계 최고의 전자 회사 임직원이 단체로 일본의 자동차 공장으로 간 이유는 매년 이익이 급속도로 증가하는 돈 버는 도요타를 FM하기 위해서다.

삼성이 변화하기 위해 첫 출발점은 1993년 6월 7일 '프랑크푸르트 선언'에서 신경영을 발표한 것이라 할 수 있다. 동경, 런던, 프랑크푸르트, 등의 글로벌 현장으로 임원들을 직접 불러서 삼성의 현주소를 해외에서 직접 느끼게 했다. 회장이 창조적 혁신 문화 만들기에 대해 직접 강의도 하고 선진 기업을 보고 느끼는 점을 서로 나누게 하므로 양보다 질 경영으로 인식을 전환하는 출발점이 되었다. 2006년 9월에는 같은 FM방식을 통해 미국 뉴욕을 기점으로 런던—두바이—요코하마로 이어진 40여 일간의 해외 출장 기간 동안에도 실사례를 들어가면서 창조적 혁신 경영의 실행력을 높이게 했다.

이러한 FM방식은 초일류 기업을 따라잡기 위한 전략적 행동 강화 실행 방식이라고도 할 수 있다. 즉 '백문이 불여일견'이라는 속담의 실천이며 삼성의 경영자와 간부의 위로부터의 개혁을 일으키는 좋은 수단으로 활용되었다.

미래를 미리 준비하는 기업을 해외에서 직접 보고 느끼고 알게 하므로, 돌아와서 행동화하지 않으면 안 될 정도의 강박감을 갖게 만들었다. 안 것을 실천하지 않으면 가장 나쁜 것이라는 것을 삼성 문화 속에서 잘 알고 있기 때문에 FM하는 데 드는 돈은 삼성 문화에 대한 민음에 대한 투자라고도 할 수 있다.

　5. 노마디즘Nomadism을 가진 리더와 인재 육성에 투자를 아끼지 않는다.

　노마드nomad는 '유목민', '유랑자'를 뜻하는 용어이다. 프랑스의 철학자 들뢰즈Gilles Deleuze가 그의 저서인 《차이와 반복》에서 노마드의 세계를 '돌아다니는 변화하는 세계'로 묘사하면서 새로운 개념으로 자리잡은 용어이다.

　노마디즘nomadism은 우리말로는 '유목주의'로 번역된다. 기존의 가치와 삶의 방식을 부정하고 불모지를 옮겨 다니며 새로운 것을 창조해내는 일체의 방식을 의미한다. 노마드란 공간적인 이동만을 가리키는 것이 아니라, 버려진 불모지를 새로운 생성의 땅으로 바꿔 가는 것, 곧 한자리에 앉아서도 특정한 가치와 삶의 방식에 매달리지 않고 끊임없이 자신을 바꾸어 가는 창조적인 행위를 뜻한다. 철학적으로는 철학·문학·화학·수학·경제학 등 학문 분야를 넘나들며 개념을 확장하는 통섭의 의미이다. 새로운 삶의 터전을 탐구하는 창조적 여행을 의미한다

　삼성은 그동안 노마디즘을 가진 리더와 인재를 채용하고 육성하는 데 노력을 게을리하지 않았다. 신경영을 통해 변화가 좋고 자신에게 도움된다는 것을 확실하게 느끼게 했다. 그러자 농경인 사고에서 유목민 사고로 바꾸어 끊임없이 창조적 여행을 즐기는 리더와 직원들이 많이 탄생했다. 창조적 유목민은 환경 때문에 No라고 말하지 않

고 새로운 방식의 대안을 항상 제시한다. 글로벌적으로 생각하고 현재의 환경에 굴하지 않고 생각이 긍정적이다. 한곳에 정착하기를 거부하며 끊임없이 새로운 것을 추구한다.

'이러한 인재들의 노력의 결과가 D램 세계 1위' '유기EL패널 세계 1위' '스마트폰 세계 1위' '박형TV 세계 1위' '리튬이온 전지 세계 1위'의 신화를 이룩해냈다. 삼성은 이제 세계 속의 당당한 일류 기업으로 성장하고 있다.

삼성의 상품은 곧 대한민국을 살리는 상품이요, 글로벌적인 상품이다. 세계는 삼성이 만들어낸 기술력 있는 제품과 다른 어느 일류 기업에도 뒤떨어지지 않는 삼성그룹의 인재에 주목한다. 거대한 기업들이 모두 쓰러져가는 위기의 순간에도 IMF 국가 위기 속에서도 삼성은 일순간 글로벌 리더로 뛰어올랐다. 삼성의 이러한 힘과 성장 비결은 무엇일까? 남다른 인재 육성 방법, 세계적인 브레인을 끌어들이는 블랙홀 같은 삼성의 힘이다.

삼성전자의 연구 개발 인력이 2001년 15000명에서 2010년 40000명으로 5년 만에 2배 이상으로 늘어났다. 국내 직원 중에서 연구 개발 인원의 비중이 38%에 해당한다. 박사급이 4000명이다. 2000년에 1000명 정도였는데 10년 만에 4배가 늘었다. 창조적 혁신 경영의 초음속 엔진을 마하 수준으로 움직이기 위해 확보한 인재들이다.

또한 창조와 혁신의 속도를 높이기 위해 중요한 것은 분야별로 간판급 CEO들이 혁신과 창조 경영에 대한 이 회장의 화두를 실천하기 위해 불철주야 달리기를 멈추지 않는 도전정신이다. 그리고 그들을 성공하게 만든 것은 철저한 자기 관리와 미래를 내다보는 창조적인 눈이었다. 이들은 단순한 경영자가 아니다. 관리의 대가, 기획의 대가, 반도체 개발의 대가, 휴대전화의 대가 또는 어느 한 분야의 최고의 전문가들이다.

삼성의 간판 스타라고 하면 미국의 금융전문지 〈배런스Barron's〉에 의해 전 세계에서 가장 존경받는 최고경영자 30인에 선정되기도 한 인물인 윤종용 삼성전자 전 부회장을 꼽는다. 그리고 해외 바이어 앞에서 휴대폰을 바닥에 내던져 그 성능을 증명할 만큼 불도저식으로 밀어붙이는 경영으로 유명하다. 휴대폰 하나로 세계를 제패한 이기태 삼성전자 휴대폰부문 전 사장, 매년 메모리 용량을 2배로 증가하는 제품을 출시하는 메모리 신성장론을 주장하여 황의 법칙을 정착시킨 황창규 전 반도체 총괄사장 그리고 11년 동안 한 우물을 판 LCD 사업부의 뚝심의 제왕인 이상완 전 사장, 스탠퍼드대 박사 출신인 권오연 LSI사업부 전 사장, 창조적 기획력과 파워로 삼성SDI의 새 시대를 연 김순택 삼성SDI 전 사장, 그룹의 살림을 책임진 대표적인 수비수로 이회장의 그림자라는 별명을 가진 이학수 전 부회장, 혁신 기법을 삼성에 정착시키고 혁신적 인재 육성과 종합기술원을 혁신시킨 손욱 전 사장 등이 혁신과 창조 경영의 실천가이자 신봉자들이다. 이러한 리더에게 자율 경영을 통해 노마디즘을 체득하게 했다. 그 성과에 대해서는 확실하게 스톡옵션이나 인센티브 제도를 통하여 보상하는 것이다.

그리고 이러한 리더들이 퇴직하면 기사, 비서, 집무실 등을 무료로

제공한다. 임금 또한 3년간 지급하므로 퇴직 후의 생활도 불편하지 않
게 최대한 보장을 해주고 있다.

도요타식 경영의 핵심은 '점진적 가이젠改善'이다. 한꺼번에 모든 것을 뜯어고치려 하지 않고 끊임없는 변화를 추구한다. 변화만이 도태하지 않고 발전할 수 있다는 믿음에서다.

도요타 생산 방식의 창안자인 고故 오노 전 도요타 자동차 부사장은 "만들기만 해선 안된다"며 "철저한 가이젠으로 낭비를 배제하는 것이 강한 경쟁력을 갖는 지름길"이라고 설파했다.

그러나 지난 수십 년간 유지해온 도요타 경영 슬로건이 최근 바뀌고 있다. 점진적 개선인 '가이젠'에서 보다 혁신적인 '가이가쿠改革'로 무게 중심이 급속히 이동하고 있다. 지난 20여 년간 일본의 장기 침체와 글로벌 경쟁 강화에 따라 새로운 경영 전략의 필요성이 높아졌기 때문이다.

도요타 내부에서는 BT2Break Through Toyota활동을 전개하여 변동비와 고정비 30% 절감에 도전하였다.

또한 이 활동에 연계되어 생산비용의 30%, 총 1조 3000억 엔을 절감한다는 '21세기 가격 경쟁력 달성 전략CCC21' 프로그램은 설계, 생산기술, 조달, 외주 업체의 4개의 파트가 협력하여 4위일체4位一體가 되어 활동한 대표적인 예다.

CCC21Construction of Cost Competitiveness 21활동은 가이젠이 아닌 가이가쿠를 의미하며, 도요타와 부품 업체 모두 세계 최고 품질과 경쟁력을 갖게 하는 것이 개혁의 목표이다. 엔진의 실린더블록의 제조 공정에서도, 형이나 기계도 크기를 3분의 1로 하여, 공장의 건물 면적을 3분의 1로 줄일 수 있었다. 또 '소재, 기계 가공 등은 원가 경쟁에서 뒤떨어져 코스트를 절반 이하로 줄이지 않으면 중국에 뒤질 수밖에 없다'고 강조하고 있다.

위기감의 배후에는 인건비가 일본의 10분의 1도 안 되는 중국 및 인도의 발전에 공포감이 있다. 그를 위해서 지금 도요타는 도요타 생산 방식의 근간인 제조 기술, 즉 가이젠만으로는 한계를 느끼고 고유 기술을 포함하여, 즉 가이가쿠의 차원인 '생산 기술의 혁신'에 최선의 노력을 하고 있다.

프레스기를 비롯해 로봇이나 전자기기의 성능 향상이라는 것에 목표를 두고 지속적으로 새로운 개발에 도전하고 있다. 앞으로 3년 정도면 보디 라인에 응용할 수 있는 새로운 기술이 개발될 것이다. 조립 라인도 컨베이어식이 아닌 로봇이 이송을 담당하는 새로운 방식도 개발 완료 단계에 있다. 이 방식이 적용되면 지금보다도 절반의 코스트로 생산할 수 있는 라인이 될 수 있다고 자신감에 차 있다.

잃어버린 20년을 이겨내다

일본 기업 또한 글로벌 초일류로 향한 문제점 발견과 해결법을 불황이 지속된 잃어버린 20년간 철저하게 실천하여 일본의 기업 구조에도 많은 차별화를 가져왔다. 불황을 극복하는 과정에서 부활한 기업과 그렇지 못한 기업으로 명확하게 갈렸다.

창조적인 혁신 기업은 어려운 환경 속에서 창조적인 제품이나 기술 개발을 하였다. 첨단 소재 부품과의 연계를 중시하여 동남아에 나가 있던 조립업체가 본국으로 이전하는 업체도 늘어나고 있고, 외국 기업이 모방할 수 없는 암묵지를 축척하여, 핵심 기술의 해외 유출을 하지 않기 위해 국내 생산을 하고 특허 등록도 하지 않는다.

다이킨 공업은 회복되는 내수 시장에 신속하게 대응하기 위해서 철저한 개선을 통하여 적기, 적량 생산, 단납기 대응으로 국내 1위 세어를 유지하게 되었다.

같은 전자업계 내에서도 마쓰시타와 도시바, 캐논 등이 혁신적 문제 해결에 성공한 그룹에 속하고, 소니, 히타치, 산요 등은 생존이 불투명한 기업으로 전락했다. 기업 간 명암이 갈리는 주된 요인은 최고 경영자의 창조적 리더십 그리고 선견력과 직원들의 문제 해결에 대한 창조적인 실천력이 있느냐에 달려있다.

나카무라 쿠니오 사장이 마쓰시타의 개혁을 이끌었다면, 도시바에는 니시다 아쓰토시 사장이 있다. 사장에 취임하자마자 니시다는 비

효율적인 부문을 과감히 정리하고, 사업을 반도체와 원자력발전소 건설 등 도시바가 강점을 가진 부문에 집중했다. 선택과 집중의 전략을 실천한 성과는 서서히 나타나고 있다. 또 미국 웨스팅하우스사를 41억 6000만 달러에 인수, 원전 건설 분야를 강화하는 등 공격적 경영을 펼치고 있다.

캐논은 일본 게이단렌經團連 회장을 역임했던 미타라이 후지오 회장이 혁신의 주역이었다. 그는 부실 사업 정리, 성과주의 도입, 조직체계의 슬림화 등 과감한 개혁을 통해 캐논을 글로벌 경쟁을 갖춘 기업으로 변모시켜 놓았다. 특히 도요타 생산방식을 도입하여 셀 생산 방식으로의 전환을 가장 잘한 대표적인 기업으로 명성이 잘 알려져 있다. 한국의 롯데 캐논도 셀 방식으로 중국과의 코스트 경쟁에서 이기고 있을 정도로 기업 경영에 잘 적용하고 있다.

미타라이 회장은 서구식 구조 개혁을 무조건 따라가다가 실패한 후지쯔의 실패 경험을 거울삼아 일본식 경영의 장점이라 생각하는 부분은 버리지 않고 발전시켜 나갔다. 그 한 가지 예가 전통적 일본 경영의 장점이라는 '종신고용제'를 버리지 않았다. 서구식 방식을 도입하여 성과주의에 따라 개인 간 임금격차는 어느 기업보다 크지만 정년 때까지 해고하지 않는다는 것이다. 종신고용이라는 안정적 환경이 있어야 기술자는 실패를 두려워하지 않고, 어려운 과제에 끊임없이 도전할 수 있다는 생각에서이다.

특히 인재 확보와 미래의 제품 혁신과 창조에 경쟁을 집중하여 창조적인 혁신 기업으로 거듭나고 있다. 글로벌 기업들의 대부분 품질이나 코스트 납기 면에서 이제 크게 차이가 없어졌다. 이제 남아있는 경쟁은 제품이나 미래의 사업 구조를 획기적으로 바꾸는 창조적 혁신 경영의 실천에 달려있다. 일본의 대표적인 창조적인 혁신 기업은 도요타이므로 도요타의 창조적 혁신에 대해서 연구해보자.

가이젠의 역사

동경역 앞 '야에스 북센터'는 일본에서 가장 유명한 서점 중의 하나이다. 일본에 출장 가서 이 서점에 들려 잘 팔리는 책을 알아보면 일본인들의 관심사항을 알 수 있다. 향후 한국에서 유행할 것이 무엇인지도 예측해 볼 수 있다.

최근에는 이 서점의 1층 입구의 신간 매장과 2층 경영서적 매장은 '도요타' 책 일색이다. 한 서점에서 하루에 도요타 관련 서적이 200권 정도 팔릴 정도로 일본 열도에 '도요타 학습 열풍'이 불고 있다. 일본의 지진 사태, 태국의 장마로 부품 공장의 수해와 미국의 리콜 사태 등으로 2011년에 판매량은 세계 3위로 쳐졌지만, 2012년 판매량이 다시 1등으로 회복하였다.

이러한 도요타의 회복력과 위기 극복에 대하여 배우기 위해서 도요타 관련 서적을 많이 찾고 있기에 독립적인 코너를 설치하고 있다. 기업뿐만이 아니라 정부 기관이나 병원 학교에 이르기까지 불황을 벗어나는 아이디어를 얻기 위해서 도요타 방식의 출발점인 '가이젠改善'을 배우는 열기가 식지 않고 있다. 심지어는 가정에서도 도요타의 낭비 제거 사상과 개선 방식을 배우려고 '가계家計 가이젠'이라는 신조어가 유행할 정도로 주부들까지도 도요타 코너를 찾고 있다.

많은 도요타 관련 책에서 빼놓을 수 없는 도요타의 강점은 '전 직원이 생각하며 일하고 일 속에서 아이디어를 내어 개선하는 힘이 세계 어느 기업보다 강하다'는 것이다.

도요타 방식의 출발점은 도요타 기이치로씨의 어머니에 대한 효심의 발로였다고 할 수 있다. 어머니가 수동식 베틀에 하루 종일 앉아서 일하는 모습을 보고 어머니를 편하게 해드리려고 자동 직기를 제작했다. 그러나 어머니는 수동 직기를 쓸 때보다 더 붙어 앉아서 자동 직기를 감시하고 있었다.

수동 직기는 불량이 나면 바로 조치를 취할 수 있지만, 자동 직기는 불량이 나면 계속 쉬지 않고 작업을 계속하여 대량 불량을 발생시킨다. 그러므로 불량이 나는지에 대해 감시하기 위해서 기계 옆에 붙었다. 어머니 가 실이 끊어지는지를 감시하느라 기계 곁을 떠나지 못하는 것을 보고 불량이 나면 바로 정지하는 장치를 고안하여 부착했다. 그랬더니 기계 가동 중에도 어머니가 다른 일을 볼 수 있었고, 이상이 있으면 기계가 스스로 정지하므로 정지 후에 잘못된 부분을 조치할 수 있었다.

이상이 발생하면 기계가 정지하여 불량을 만들어내지 않음으로써 도요타 생산 방식에서 말하는 '베를 짜면서 밥도 할 수 있는 다능화 작업'이 가능하게 된 것이다. 도요타는 이것을 발전시켜 눈으로 보는 관리 방식을 고안하였다. 눈으로 보는 관리에서 추구하는 것은 이상이 발생하면 바로 보이는 것이요, 부가가치 없는 낭비를 배제하는 데 있다. 그러나 낭비를 발견하고 '이것이 불필요한 것이다'라고 인식하기는 대단히 어렵다.

이상이 있을 때 낭비가 눈에 보면 곧바로 해결책을 찾는 데는 그다지 곤란하지 않다. 그래서 낭비가 여러 사람들의 눈에도 보이고 분명히 알도록 하기 위해 탄생된 것이 '눈으로 보는 관리'이다. 눈으로 보는 관리는 사람 인시 변이 붙은 자동화의 개념에서 나왔으며 '사람 인 변이 붙은 자동화'란 기계에 인간의 지혜를 부여한 것이다.

가이젠의 철학

지금 이 글을 쓰는 순간에도 도요타 경영 방식은 창조력으로 뭉친 종업원들의 아이디어가 진화하고 있기에 도요타 경영 방식이 바로 '이것이다'라고 단정 지어 말할 수는 없다. 말할 수 있는 것은 세계 최강을 향해 끊임없이 진화해가는 강한 엔진이 달린 창조적인 DNA를 가진 시스템이라는 것이다.

따라서 도요타 방식을 도입하려는 회사는 추진력이 강한 아이디어를 진화시키는 엔진을 달지 않으면 도요타처럼 세계 최고가 되는 데는 어려움이 많을 것으로 생각된다.

'세계 1등 자동차를 세계에서 제일 싸게, 제일 빠르게 만든다'는 도요타의 목표를 실현하기 위해서는 아직 많은 과제가 있다고 강조한다. 도요타가 미래로 나아갈 높은 수준을 바라보면 아직 창조력으로 해결해야 할 일이 산더미 같다고 말하고 있다. 10%, 20% 경쟁사보다 우수하다는 것은 뒤따라오는 2등에게 언제든지 잡아먹힐 수 있는 것이다. 도요타는 2등이 따라 올 수 없도록 2배, 3배의 격차를 더 벌려 놓아야 안심할 수 있으므로 항상 위기의식을 가지도록 종업원들에게 카이젠을 강조하고 있다.

카이젠은 한자 '개선改善'이라는 말을 일본어로 발음한 것이다. 개선의 사전적 의미는 좋지 않은 것을 고쳐 더 좋게 만든다는 것이다.

MIT공대에서 도요타 경영 방식을 연구하여 1990년에 책《The Machine that Changed the World》를 발간하였는데 이 책에서 '도요다 생산 시스템이 자동차와 트럭을 만드는 데 있어서 세계에서 가장 효과적인 시스템이다'라고 소개하고, 도요타 생산 방식을 부가가치를 최대화하고 낭비를 최소화하는 '린Lean 방식'이라고 명명하였다. '린'은 도요타 생산 방식이 자동차를 개발하고 생산하는 데 있어서 기존의 대량생산 방식과 비교해 모든 점개발 기간, 납기, 인력, 재고량, 노력 및 수고, 품질 향상, 고객 요구 대응성에서 '신속하고 민첩하고 가치 있고 낭비 없는 날씬함'에 비유한 것이다. 린 방식의 주된 내용이 개선에 관한 내용인데, 미국에서의 개선은 전문 개선팀에서 주도적으로 하고 있다. 그러나 도요타는 공장 작업자들이 중심이 되어 수행하는 소위 아래로부터bottom-up 시작되는 지혜 창출 활동이므로 영어로 표현하기가 어려워 일본어 발음 그대로 'kaizen'으로 표기하였다. 원래 영어에 없었던 단어였지만 이제는 미국 제조현장에서는 통용되고 있는 단어이다.

도요타는 회사의 일상생활 속에서 문제를 발견하고 그것을 개선하는 데 창조력을 적극 발휘하라고 요구한다. 공장 입구에는 '창의 연구'라는 말이 여기저기 걸려 있고, 매번 조회 때마다 간부들이 부하들에게 '좋은 상품은 좋은 생각에서 나온다'고 강조한다. '맨아우어Man-Hour는 숫자로 계산할 수 있어도 맨파워Man-Power는 무한하다'는 말도 종업원들에게 아이디어를 내는 창조적 활동을 강조하는 말이라고 할 수 있다.

도요타는 도요타 직원들이 항상 생활 중에 실천할 내용을 도요타 웨이에 5가지로 요약해서 표시하고 있는데, 첫 번째는 도전이고 두번째는 개선을 강조하고 있다. 도요타 웨이 5가지 중 두 번째에 나오는 Kaixen이란 무엇을 의미하는지를 상세하게 살펴보자. 가이젠Kaizen, 改善이란 '항상 진화, 혁신을 추구하고, 끊임없이 아이디어를 내 개선에 노력한다'는 뜻이다. 개선과 혁신의 추구 및 유연성 있는 시스템 구축과 조직적으로 학습을 철저하게 하는 것을 말한다.

첫째, 가이젠이란 개선과 혁신의 추구는 한때의 성공에 안주하지 말고, 현실과 이상의 갭을 확인하는 작업이다. 더 높은 도전 목표를 세우고 끊임없는 창조력을 발휘하여 혁신의 분위기를 만든다.

끊임없는 개선은 도요타 직원들의 매일 작업 과정 속에 녹아들어가 있다. 돈을 들여 개선하는 것이 아니라 지혜로 개선한다는 것이다. 그것이 바로 도요타 직원들에 의해 유지되고 있는 도요타 생산 시스템의 핵심 요소이다.

"개선 활동은 개혁의 인큐베이터이다. 왜냐하면 그것은 변화를 받아들이는 풍토를 만들어내기 때문이다. 개선을 기계적으로 생각하면 안 된다. 마른 수건에서도 지혜를 짜면 물이 나온다."

이것이 끊임없는 아이디어 창출을 강조하는 도요타 경영자들이 하는 말이다. 또한 항상 지혜를 짜내고 연구를 거듭하며 어느 누구의 제안인가에 구애받지 말고 탁월한 아이디어를 사내·외에서 널리 구하고, 동시에 사내·외의 벤치마킹을 통해 스스로의 실력을 파악하도록 강조하고 있다.

시장이 가격을 결정하는 흐름 속에서 최고의 품질과 효율을 추구하고, 중장기적으로 원가를 절감함으로써 이익의 창출을 지향한다. 소요된 비용만큼 원가에 이윤을 붙여서 가격을 결정하는 원가주의 사상은 오늘날의 자동차 업계에서는 통하지 않는다. 부가가치를 창출하지 않는 무리·무다·무라ムリ·ムダ·ムラ, 불합리·불필요·불균일를 철저하게 배제하는 데 창조력을 적극 활용하고 있다.

후공정을 존중하는 JIT사상이란 모든 공정에서 후공정을 고객으로 간주하여, 필요한 질과 필요한 내용의 물품 및 서비스를 필요한 타이밍에 필요한 만큼 제공하는 것을 말한다. "어떤 문제를 관리자가 알지 못하는 가운데 임시방편으로 해결되고 있다면, 시간이 아무리 흘러도 개선되지 않으며 원가는 내리지 않는다. 이상이 생겨서 기계를 멈추는 것은 문제를 명확히 하는 것이기도 하다. 문제가 확실해지면 개선도 진척된다"라는 오노大野 선생의 말처럼 현장에서 판단 가능한 업무는 자율형으로 단위Unit를 독립시키고, 권한을 위임하여 단위별로 문제의 명확화와 대응의 조기화를 촉진해야 한다.

셋째, 가이젠이란 아이디어 내는 학습을 조직적으로 철저하게 하라는 것이다.

학습을 하기 위해서는 현재 나타나는 상황을 철저하게 인식하는 것이 중요하다. 이를 위해 눈으로 보는 관리방법을 적극 활용하여 관계자 상호 간의 상황 인식 공유화와 공감대 형성을 촉진해야 한다. 그리고 가장 좋은 학습 중 하나는 실패에서 배우는 것이다. 실패를 두려워하지 말고 신속하게 고치고, 개인적 과오만을 질책하지 말며, 항상 구조적인 문제를 찾아내어 대책을 세워나가는 것이다. 그리고 실패 속에서 얻은 경험을 바탕으로 성공했을 때는 그 성공의 프로세스를 표준으로 채택해서 횡적으로 전개하고, 조직 내에 정착시키고자 노력해야 한다. 따라서 성공의 표준화도 필요하지만 실패의 표준화도 필요하다. 표준이 설정되었으면 그 표준을 끊임없이 개선해 나가는 것도 가이젠의 중요한 활동 중 하나이다. 도요타는 이러한 인간의 지혜를 적극 회사 업무에 반영하게 하여 그 결과 미국의 빅3 자동차의 이익 합계액보다 많은 경쟁력 있는 회사로 지속적으로 성장하고 있다. 이러한 개선 활동을 할 때 아이디어를 잘 내기 위한 교육 훈련을 끊임없이 OJT식으로 상사가 직제 속에서 철저하게 시키고 있다.

이상이 생기면 바로 보이게 하라

앞서 설명했지만, 도요타식 자동 직기는 경사經絲가 끊어지거나 횡사橫絲가 준비되지 않으면 기계가 바로 정지하는 구조로 되어 있다. 도요타에서는 이 생각을 기계만이 아니라 라인 작업에도 확대하였다. 즉, 이상이 발생되면 작업자가 라인을 정지시키게 하는 것이다. '지혜 있는 자동화'에 의해 불량품의 발생을 방지하고, 과잉생산을 억제할 수가 있으며, 또한 생산 현장의 이상을 자동적으로 체크할 수 있는 장점이 있다. '지혜 있는 자동화'라는 것은 이상이 있으면 라인 또는 기계가 스스로 멈추어 서게 하는 것이다. 기계가 서게 되면 정지한 원인과 누구의 잘못인가 등 책임 한계가 그 자리에서 분명히 드러나고 원인 규명이 쉽게 이루어진다. 이상의 '현재화' 개념이 도요타 생산 방식의 핵심 개념 중의 하나이며 문제가 발생한 순간 바로 알 수 있도록 자율신경계를 생산현장에 집어넣는 것을 말한다.

불량이 발생하면 바로 불량을 표면화시키고, 생산 계획에 대하여 늦고 빠름의 진행 상태가 한눈으로 보아 바로 알 수 있도록 하는 것이다. 기계나 라인만이 아니라 물건 두는 방법, 재공량, 간판 돌리는 방법, 작업방법 등 모든 면에 적용할 수 있는 사고방식이다.

도요타 생산 방식을 도입한 생산 현장은 '눈으로 보는 관리'가 철저하게 적용되어 있는 것이다. 한편, 눈으로 보는 관리가 적용되려면 5S활동이 잘 유지되고 정착되어야 그 효과를 충분하게 발휘할 수 있다. 도요타는 인人 변이 붙은 자동화의 개념을 더 발전시키어 '포카요케Fool Proof'라는 말을 만들어냈다. 포카요케는 불량품의 발생을 막기 위하여 기계 장치에 자동 정지 장치를 도입하는 것을 말한다. 이는 작업 실수를 예방하고 실제로 실수가 거의 일어나지 않도록 하는 경고 장치가 작업 공정 그 자체 내에 도입된 것이다.

그래서 도요타는 불량품, 작업 실수, 부상 및 그 밖의 부적격 사항에 대해 일일이 신경을 쓰지 않아도 자연히 제거되는 장치를 만들어 부적격을 발견하도록 했다.

생산공정 내에서 100% 우량품을 만들기 위해서는 치공구나 장비 설치용 공구에 여러 가지 고안 장치를 하여 불량품의 발생을 미연에 방지하는 구조가 필요하다. 이 장치는 여러 가지 다양한 것이 있지만 일반적으로 기계 및 공정에 상태가 나쁜 것이 발생할 때 곧바로 정지되는 장치가 붙어있다.

포카요케는 자동화의 보조 수단인 것이다. 포카요케의 예는 다음과 같은 것이 있다.

1. 작업 실수가 있으면 물품이 치공구에 부착되지 않는 구조
2. 물품에 트러블이 있으면 기계가 가공을 시작하지 않는 구조
3. 작업 실수가 있으면 기계가 가공을 시작하지 않는 구조
4. 작업 실수, 동작 실수를 자연히 수정하여 가공을 진행시키는 구조
5. 전 공정 트러블을 후공정이 살펴서 불량 생산을 멈추게 하는 구조
6. 작업 중 잊은 것이 있으면 다음 공정이 시작되지 않는 구조

그러나 포카요케는 기계 및 제조 방법 그 자체를 변경하는 것이 아니다. 대부분 작업 방법 자체에는 손을 대지 않고 제조 및 조립 수순만

을 변경하는 것이 대부분이다. 이는 과학적 관리 수법을 만들어낸 테일러의 동작 분석, 시간 분석과 비슷하다고 할 수 있다. 그러나 테일러가 작업에 있어서 가장 효율적인 작업 방식을 추구하였다면, 포카요케는 불량률을 가장 낮게 할 수 있는 작업 방식을 추구한다.

즉, 테일러즘에서는 작업의 속도를 높이기 위한 작업 방식이 최선으로 선택된다면, 포카요케에서는 제조된 제품의 품질을 최대한으로 보장할 수 있는 작업 방식이 선택된다. 이러한 도요타의 품질관리에 대한 정열은 전사적 품질관리, 즉 TQC^{Total Quality Control}라고 불리는 종합적인 품질관리 기법에서 정점을 이루게 된다.

기계 자체를 꼭 맞는 치공구가 아니면 작동하지 않도록 설계해 오류의 소지를 아예 없앤 것도 포카요케 장치이다. 오류 방지 시스템은 공장 여기저기서 찾아볼 수 있다.

센서에 의한 불량 확인, 불량과 양품의 선별 장치, 준비 시간을 줄이기 위한 조치, 에어가이드 설치 등 별것 아닌 것 같은 장치들의 기능이 알고 보면 품질에 직결되는 포카요케 장치이다. 도요타의 협력업체 어디를 가더라도 휴먼 에러가 나올 것 같은 곳에는 이를 방지할 수 있는 별도의 장치가 마련되어 있기에 '품질의 도요타'라는 말이 통할 수 있는 것이다.

도요타는 최고경영자에서 작업자에 이르기까지 모든 도요타 직원이 개선을 생각하고 실천하려고 노력한다. 금전적 보상이 없더라도 개선하기 위한 새로운 아이디어를 기꺼이 내놓을 정도로 의욕이 가득 차 있다.

이는 생산 현장에도 그대로 적용된다. 매일 이루어지는 작업을 통해 현장 근로자들이 근무 중에 발견한 사소한 사항이라도 개선할 여지가 있다면 바로 제안하여 끊임없는 개선을 하는 것으로 유명하다.

실제로 도요타는 매년 50만 건 이상의 개선사항을 현장 근로자들을 통해 접수되고 있다. 이 중 99%를 채택해 실행에 옮겼다. 이러한 개선 활동은 포드 자동차에서 배워서 1951년부터 시작됐다. 그러나 도요타는 지금까지의 성공에 만족하지 않고 더욱 자세를 낮춰 전 세계 자동차 시장을 개선력의 힘으로 공략하고 있다.

토요타는 세계 시장 공략을 목표로 전 세계 각국에 51개의 현지 생산 공장을 갖추고, 일본 내에서 확립한 도요타만의 생산 방식을 적용해 성공을 거두고 있다. 미국 시장 역시 동일한 방식으로 결실을 맺었다. 도요타처럼 활발하게 직장 문제를 발견하고 창조적으로 문제를 해결할 때에 경쟁력은 저절로 향상된다는 것을 알게 된다.

도요타의 가이젠 문화가 정착되게 하는 도요타의 8가지 습관을 배워라.

1 상대방의 이야기를 잘 듣는다.
2 '무엇이 문제인가?'를 끈질기게 생각하는 습관을 가지고 있다.
3 서로를 배려하고 격려하여 더 나은 방법을 제안하는 자세를 가지고 있다.
4 상대방이 아는 지식을 존중하고 매우 겸손하다.
5 언제나 모르면 물어보고 서로 의논하는 자세를 가지고 있다.
6 3현주의(현장, 현물, 현상) 사상이 습관화되어 있다.
7 '우선 해보고 다시 생각하자'고 하는 습관이 있다.
8 이기는 지혜를 짜내는 습관이 있다.

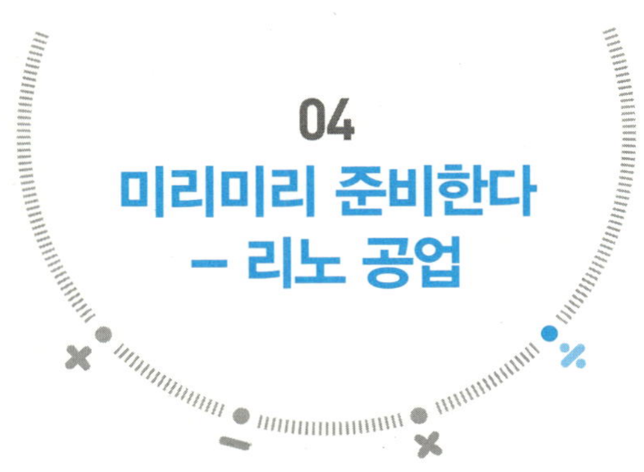

마이크로소프트사는 미래를 생각하고 상상할 수 있는 사람을 우선적으로 채용한다. 그런 사람을 채용하기 위해 신입사원 면접 시 다음과 같은 질문을 한다.

"눈이 녹으면 무엇이 됩니까?"

대부분 "물이 된다", "증기가 된다"라고 하는데 그렇게 대답한 사람들은 모두 불합격했다. 합격한 사람의 대답은 다음과 같다.

"봄이 옵니다."

빠르게 변하는 IT의 시장 환경을 반영하면서 미래를 준비할 수 있는 직원을 채용하기 위해 먼 미래를 생각하고 답하는 사람을 선택한 것이다.

미래에 미리 가기를 두려워하고 현재의 문제 해결에 급급하여 미래를 생각할 시간을 가지지 못하는 기업들이 많이 있다. 대부분 중소

기업의 간부나 임원들은 현재의 문제 해결에 급급하여 몇 개월 후의 일도 준비하지 못한다. 미래를 미리 준비하지 못하면 현재의 제품이나 서비스가 고객에게 외면을 받아서 자금 부족으로 허덕일 수밖에 없다.

부산에 리노 공업은 1978년에 설립된 PCB, 반도체 IC 테스트 부품 제조업체로 기술 혁신과 품질혁신으로 인정받는 회사다. 자체 브랜드인 리노핀과 테스트 소켓은 거의 모든 전자제품 제조공정에 필수적으로 사용되는 제품이다. 제품 설계에서부터 정밀가공, 도금, 조립에 이르는 전 공정을 자체 제작하는 기술력을 가지고 있다.

삼성전자와 대덕산업 등에 납품하며 국내 시장 점유율 70% 이상을 차지하고 있고, 미국 일본 등 30여 개국에 수출할 정도로 품질과 성능에 인정을 받고 있다.

미리미리 철학을 배워라

리노 공업의 매출은 600억 정도이고 종업원은 200여 명에 불과한 작은 기업이다. 그러나 경상이익률을 5년 연속으로 30% 이상 내고 있으며 초우량 기업이다.

대부분 기업들이 인건비를 절감하기 위해 중국이나 베트남에 공장을 이전하는 것을 생각하지만, 리노 공업의 꿈은 동남아시아가 아니다. 일본에 진출해서 메이드 인 재팬MADE IN JAPAN을 붙여서 더 비싸게 팔겠다는 목표를 가지고 있다. 기술 수준이나 품질 면에서 일본 제품과 동일하거나 더 나은 제품도 있지만, 세계시장에서는 메이드 인

코리아 마크 때문에 헐값취급을 받기 때문이다.

리노 공업의 사훈은 영어 알파벳을 표기한 'MIRIMIRI미리미리'이다. '모든 것을 미리 하는 사람이 이긴다'는 오너 사장의 철학이 담겨있는 퓨처마킹 정신이다.

미리 하면 경쟁에서 이길 수 있고, 미리 하면 확실하게 할 수 있고, 미리 하면 쫓기지 않는다. 미리 하면 싸게 할 수 있고, 미리 하면 쉽고 편하게 할 수 있다. 미리 하면 미래를 소유할 수 있고, 미리 하면 실패를 줄일 수 있다. 급하게 하면 반드시 빠지거나 모자라는 부분이 생겨 문제가 생기기 때문이다.

미래의 이익을 확보하는 DNA

퓨처마킹의 대가인 리노 사장의 경영 노하우는 매우 특별하다.

1. 직원들이 '안 된다'고 할 때는 '물어보았느냐?'라고 묻는다.

직원들이 '할 수 없다'고 하면 '해보았느냐?'고 물어보고 '해보아도 안 된다'고 하면 '잘 아는 사람에게 물어 보았나?'라고 질문한다. 자기보다 잘 아는 선배나 상사에게 더 나아가서 세계 최고에게 물어보았는지를 확인하는 것이다.

'할 수 없다는 것은 하기 싫다는 마음'이라고 스피노자는 말했다. 노력하지도 않고 안 된다고 일을 미루거나, 하기 싫어하는 사람에게 따끔하게 충고하는 말이다. 대부분 직장인들이 하기 싫을 때 해보지 않고 머릿속에서만 생각해보고 '할 수 없다'는 말을 많이 사용한다.

개선은 진화하는 것이기 때문에 일단 아는 것을 실천해보아야 더 나은 아이디어를 얻을 수 있다. 경영 혁신을 잘하는 기업에서는 개선안을 발표할 때 1차, 2차, 3차 개선안을 비교하여 발표하는 것을 많이 볼 수 있다. 단번에 3차 개선안을 내고 싶겠지만 절대 우리 사고의 프로세스는 단번에 진화하지 않는 것이다.

2. 철저하게 숫자로 말하고 숫자로 평가하며, 모든 업무는 완료 시간을 명확히 기록한다.

리노 공업은 철저하게 숫자로 말하고 숫자로 평가하는 것이 정착되어 있으므로 정량적으로 나온 성과에 대해서 포상하고 인사고과에 반영한다. 매년 10월부터 차년도 사업계획 작성 시 합의된 KPI가 있고 지표관리 및 평가를 하고 있다. 모든 것을 숫자로 나타내자는 사장의 방침에 따라 업무성과 및 서열을 매기고 있으며 정성적 평가항목과 정량적 평가항목으로 나누어져 있다.

자기신고서에 스스로를 평가하여 제출하면 거의 대부분 그대로 반영되어 평가한다. 신고서를 검증하기 위해 투자하는 시간을 낭비라고 생각하고, 스스로 실제보다 좋게 평가해서 돈을 올려 받았더라도 그것이 부담이 되어 더 열심히 일하게 된다. 그리고 그런 부담을 경험한 직원은 차기에는 자신이 이룩한 결과를 더욱 엄격하게 평가하게 된다. 인간의 양심에 호소하는 경영이 정착되어 있는 것이다.

대부분의 기업에서는 어떤 과제에 대하여 다음 달까지 하겠습니다 라는 답을 많이 한다. 다음 달이면 월초도 있고 월말도 있는데 월초와

월말은 근 한 달간의 시간의 갭이 있는 것이다. 스피드 시대라는 말만 강조하면서 행동은 하기 싫어하거나 느린 경우가 많다. 그런 것을 없애기 위해서 리노 공업은 반드시 몇 일 몇 시까지 한다는 것을 분명하게 말하고 표시하는 것이 습관화되어 있다.

3. 모든 진행사항이 눈에 보이는 관리를 한다.

연구소의 개발 진행 과정도 연구소 입구에 자세하게 표시되어 있기 때문에 소장에게 물어볼 필요도 없다. 대부분 사장들의 많은 불만 중의 하나가 연구소에서 무엇을 하는 것인지 모르겠다는 것이다. 그러나 리노 공업의 연구소는 연구 과제의 빠르고 늦음과 진행상의 문제를 한눈에 알 수 있다. 문제가 미리 보이므로 신속하게 협력하고 지원하여 미리 해결할 수 있다. 또한 생산 현장에서도 가동률이나 불량 현황이 한눈에 볼 수 있으므로 눈으로 보는 관리가 잘 시행되고 있다. 각 부서의 출입문에 맑음, 흐림, 비 등의 날씨 표시가 있는데 해당 부서의 과제 해결이 늦거나 생산이 지연되고 있으면 비가 표시된 마크를 걸어 놓는다.

날씨 마크를 걸어 놓는 목적은 시간적으로 여유가 있는 타 부서의 사람들에게 도움을 요청한다는 정보의 발신이다. 사장이나 간부가 지나가다가 흐림이나 비 마크가 걸려있으면 같이 참여하여 아이디어를 지원해준다. 대부분의 사람이 바쁘기 때문에 사장이나 임원들이 참여하여 주로 과제를 함께 해결하므로 경험적 지식을 신입 사원이나 직원들에게 가르쳐 주는 OJT의 역할도 하게 된다.

일반적인 회사에서는 품질분임조 리더가 있고 그 리더가 혁신 활동의 리더가 되지만, 리노 공업은 전 직원이 개선 활동의 리더이다. 사내에서 발생하는 문제를 신속하게 보이게 하고 해결하기 위해서는 사내 게시판과 사내 연락서 제도가 있다. 문제가 발생되면 1시간 이내에 게시판에 올려 문제를 공유화하고 관련 담당이 해결하지 못하는 문제이면 회사에서 해당 문제에 가장 정통한 관계자들이 모여서 대책을 수립하고 즉시 개선한다. 이러한 제도가 정착되도록 1인 1대의 컴퓨터가 보급되어 있다. 현장의 주부 사원들을 위한 컴퓨터 교육도 시행하고 있다.

4. 일반 직원들은 일상 업무를 책임지고 간부들은 3년 후를 준비한다.

전자와 반도체 분야의 제품을 생산하므로 빠른 변화에 신속하게 대응하지 않으면 더 이상 납품이 어려운 산업분야이다. 끊임없는 연구 개발과 신제품 출시로 사훈처럼 MIRIMIRI 대처해 나가지 않으면 생존할 수 없다. 간부가 되면 일상에서 일어나는 것은 부하들이 다 해결하고, 3년 후 5년 후에는 무엇으로 먹고 살 것인가에 대하여 생각하고 연구하는 데 대부분의 시간을 투자한다. 간부라고 책상에 앉아서 결재만 하는 간부는 밥만 축내는 식객 취급을 받는다.

핵심 원천 기술을 개선하고, 고부가가치 제품을 생산하기 위해 모방을 하더라도 한 단계 더 진화시킨 제품을 개발하고 생산하는데 최선을 다하고 있다. 그래서 일상의 업무 진행은 사원, 대리급에서 전부 책임지고 해결한다. 리노 공업은 구매 부서가 따로 없다. 작업에 필요한 자재, 치공구, 부품은 해당 작업자가 가장 잘 알고 있기에 작업 책임자가 직접 구매를 한다. 불량의 판단도 현장에서 하며 스스로 품질 보증을 하도록 하고 있다.

학력, 혈연, 지연을 무시하고 실제적인 업무 능력을 중시한다. 어떤 업무든지 능력만 있으면 도전하게 하고 과감한 권한 위양으로 자율적인 업무 추진이 가능하다. 처음 시도할 때는 우려도 많았지만 오히려 사원, 대리급에서 일상 업무를 잘 알고 있기 때문에 현장과 밀착된 지원이 가능하였다. 일반 사원들이 일하는 보람을 느끼고 책임감도 강해졌다. 그리고 간부들은 일상 업무관리에서 벗어나 3년 후 무엇을 먹고살 것인가에 충분히 고민하고 연구하기 때문에 미리 잘 준비할 수 있었다. 미리미리 준비한 결과가 회사 실적으로 나타나서 5년 연속 경상이익률을 30% 이상 내고 있는 것이다.

5. 종업원이 편하고 즐거운 직장이 되게 한다.

이채윤 사장은 집에서 보다 직장이 더 편하고 즐거워야 생산성이 오르고 경영 성과가 오른다고 믿는 경영자다. 신규로 작업 공정을 만들거나 공정을 개선할 때는 작업자가 편하고 즐거운 공정이 되도록 설계하는 데 최선을 다한다. 더럽고, 먼지 나고, 어두운 작업장을 개선하고 힘든 작업은 자동화로, 정밀 검사가 필요한 공정은 설비가 담당하도록 설비를 개조하였다.

정밀 가공부에서는 사람의 시력으로 판별이 어려운 공정을 무인화시켜 눈에 의존하는 검사 공정을 개선한다. 세척 공정과 도금공정도 자동화와 간이 자동화를 하여 화학물질에서의 위험을 예방한다. 배기 공조 시설도 개선하여 깨끗한 작업장과 온도 및 습도 유지를 철저히 하고 있다.

사원들의 휴식 공간을 만들기 위해 주차장을 옥상으로 올리고 공장 마당에 미니 골프장을 만들어서 골프를 현장 작업자도 즐기게 만들어 주었다. 콘도이용권과 골프회원권은 직원들이 원하는 때에 항상 사용할 수 있다.

그리고 호텔 수준으로 화장실을 만들어서 아이디어 공간으로 활용하게 하였다. 그 외에도 영화감상실, 당구, 탁구를 할 수 있는 운동시설도 만들었다. 종업원들에게 연말에는 특별성과급을 지불한다. 성과급은 직원들에게 많은 도움을 주었다. 그리고 업무 성과가 뛰어난 사원에게는 해외전시회에 파견하여 다양한 기술 변화와 자사의 기술 수준을 평가하게 하였다. 자녀가 중고등학교에 다니면 전액 학자금을 지원한다. 현장 작업자 자녀가 학자금 지원 덕분에 서울대에 합격한 경우도 있다.

6. 개선 과제는 세도우 조직을 만들어 개선한다.

리노 공업은 혁신 활동을 위한 전담팀이 별도로 없다. 사내 전자 게시판에 실시간으로 나타나는 제반 문제를 해결하기 위해 활동하는 사람들이 전담팀이라고 할 수 있으나 조직화된 팀은 아니다. 필요에 의해 모이고 해체하는 세도우 소집단 조직이라고 할 수 있다.

　세도우 소집단 그룹은 조직에 속하지 않기에 과나 부의 이름도 없고 해당 전화번호도 없는 집단이다. 자발적으로 형성되어서 단시간에 현실적인 문제를 해결하는 집단이 바로 세도우 소집단이다. 이들은 보고서 작성을 위한 그룹이 아니라 혁신의 불꽃을 지속적으로 타오르게 하는 혁신의 전도사들이다.

　생각지도 못한 커다란 돌파구를 마련하는 아이디어를 내는 것은 세도우 그룹에 의한 전혀 알려지지 않은 평범한 아이디어 제안자 또는 기술자들이 해내는 것이다. 세도우 소집단은 조직에서 주류는 아닐지라도 회사의 혁신을 생각하는 열정적인 작은 그룹들이다. 리노 공업의 세도우 소집단의 존재야말로 기업 경쟁력을 끌어올리는 차별화된 경영의 도구라고 할 수 있다.

　군사용어로 말하면 애국심이 충만한 민간 특공대를 말한다. 이들은 조국을 위해 자신의 목숨을 바치는 것을 영광으로 생각하는 헌신적인 애국자들이다. 민간 특공대는 자율성이 강하고 그 사용 전술이 게릴라 전법이기 때문에 기습 작전에 능하고 그 성과 또한 매우 지대하다. 왜냐하면 적군에 비하여 그 지역의 지형 지물을 가장 잘 알고 잘 이용할 수 있기 때문이다.

　주로 세도우 소그룹들이 나누고 생각하는 테마들이 다음과 같은 것이다. 미래의 자사 제품에 대한 지식을 나누는 그룹, 반복되는 불량 원인을 분석하여 해결방도를 찾아내는 그룹, 개선해야 할 과제와 개선해주길 바라는 토론이 있는 그룹, 우수한 문제 해결사례를 홍보하고 연구하는 그룹, 서로 칭찬하고 자랑하고 싶은 일을 만드는 그룹, 회사의 숨은 인재들을 찾아내어 회사에 소개해주는 그룹, 진정한 고객 만족을 위해 스스로 고객 니즈를 찾는 그룹, 자기가 겪은 일상에서 재미있는 내용을 나누고 생활의 아이디어를 공유하는 그룹, 사내의 불편한 점을 개선하는 그룹, 취미 모임, 외국어 회화 모임, 웃음 넘치는 직장 만들기 그룹 등이다.

05 믿고 맡기는 신뢰 경영 – 쥬켄 공업

　미국의 심리학자 매슬로우A. H. Maslow는 인간의 욕구는 5단계로 이루어지며 하위 욕구로부터 상위 욕구로 전개된다고 주장하였다. 1단계는 인간의 가장 기본적인 욕구인 생리적인 욕구이다. 2단계 욕구는 안전 욕구이며, 3단계 욕구는 사회적 욕구, 즉 인간은 사회적 동물로서 여러 집단에 소속되고 받아들여지고 싶은 소속 욕구이다. 4단계의 욕구는 존경 욕구이며 사람들로부터도 인정받고자 하는 욕구이다. 마지막 5단계는 자아실현 욕구로서 자아실현을 통해 자신의 잠재 가능성을 실현하려는 욕구이다. 인간의 최상위 욕구인 자기실현의 욕구를 충족시켜서 기업을 성장시키는 데 성공한 회사가 주켄 공업주식회사이다.

　1965년에 마쓰우라 모토오松浦元南가 '주켄 공업樹研工業'을 설립하였다. 마쓰우라 사장은 직원 채용을 선착순으로 하며, 정해진 출퇴근

시간이 없다. 그리고 그는 모두가 문제아라고 바라보는 폭주족을 세계 최고의 기술자로 만드는 인간의 자아실현의 욕구를 충족시키는 회사의 오너이다. 주켄이 생산하는 제품은 무게 100만분의 1g밖에 안 되는 극소 톱니바퀴를 생산하는 세계 최고의 정밀회사이다.

주켄은 디지털 초정밀가공 분야에서 세계적인 기술력을 보유하고 있다. 주켄은 해외에 13개의 공장이 있고, 약 500명의 직원이 근무하고 있으며, 초정밀 소형부품과 초정밀 3차원 곡면부품에 대해서는 세계 최고의 품질과 기술을 가지고 있다. 어떤 기업도 만들 수 없다고 포기한 것도 생산해내는 기술력을 보유한 기업이다. 주켄이 이와 같이 성공한 원인에는 4가지가 있다.

첫째, 리더가 재무에 정통하여 의사결정이 신속하다.

마쓰우라 사장이 가장 중요하게 생각하는 것이 재무의 건전성이다. 기업이 존속하고 번영하기 위해서는 재무적으로 문제가 없어야 하며 재무의 건전성을 유지하기 위해서는 사장이 재무 관리에 대해 정통해야 한다.

우리나라의 벤처 1세대 기업은 전자 저울회사인 카스를 제외하고 전부 망하였다. 망한 회사의 공통된 약점은 바로 대표이사가 재무 지식이 거의 없었다는 것이다. 사장이 기술만 있으면 된다고 생각하고 기술에만 관심이 있고, 현금의 흐름이나 재무 관리에 대해서는 잘 알지 못한다. 그래서 자금 운용면에서 실패하여 기술이 제대로 빛을 보지 못한 기업이 대부분이다.

삼성이 초창기 성장의 기틀이 된 것도 재무 관리 담당자를 중시하고, 재무에 정통한 사장들이 대부분이어서 투자에 대한 의사결정 속도가 신속했기 때문이다. 새로운 것에 투자하는 데에는 여러 가지 검토가 필요하기에 의사결정의 속도가 매우 느리다. 그러나 고도 성장기에는 신속한 의사결정이 매우 중요하기에 신속한 의사결정의 여부는 경영자의 재무 상태에 대한 이해도에 달려 있다.

마쓰우라 사장은 재무 관리를 부하에게 맡기더라도 자금의 흐름이나 재무상태에 대해 누구보다도 정통했다. 사장이 항상 철저하게 지키는 원칙은 자기자본 비율을 항상 40% 이상으로 유지한다는 것이다. 자기자본 비율이 40%가 지켜지지 않으면 주주배당금도 보류하는 재무 건전성의 중요성을 대단하게 강조하고 있다. 투자 결정이나 의사결정을 바로 할 수 있는 것은 사장 자신이 회사의 재무 상황을 항상 꿰뚫고 있기 때문이다.

둘째, 일상적인 규정을 아예 만들지 않는다.

여러 가지 규정을 만들다보면 그 규정을 만들기 위해 회의를 해야 한다. 그리고 그 규칙이 지켜지는지를 체크하고 관리하는 사람이 필요하다. 기업의 성과는 규정으로 만들어지는 것이 아니라 종업원들의 창조적인 활동에 의해 그 활동의 결과가 이익으로 나타난다. 규정이 많은 회사일수록 새로움에 도전하지 않고 자율적으로 일하기가 어렵다. 업무의 효율을 올리는 것보다 규정에 매여서 새로움을 방해하는 요소가 많다. 그래서 쥬켄은 규정을 가능한 한 만들지 않는 것을 원칙으로 한다. 그러므로 외부 기업과 업무를 추진할 때도 구두 계약으로 일을 진행하고, 오고 간 메일이 근거가 되므로 계약의 근거를 메일로 처리한다.

출장 여비에 대한 정산을 할 때도 청구명세서를 작성하여 결재하는 일이 없다. 여비교통비, 숙식비에 대한 처리는 카드 회사가 청구한 명세서를 그대로 비용 처리를 해준다. 출장보고서 작성도 구두 또는 메일로 필요한 정보만 간단하게 알리는 것으로 종료된다. 출퇴근 관리도 하지 않는다. 직원의 행동을 부정적으로 해석해서 그 행동을 관리하는 규정이나 제반 제도가 없이 자율 경영을 정착화시켰다. 모든 업무 처리는 결재 없이 자발적으로 자신이 작성한 보고서로 신속하게 처리한다.

셋째, 계획서 없이 자유분방한 연구 개발을 유도한다.

연구 개발의 목적은 개발하고자 하는 것을 단시일에 만들어내는 것이 중요하므로 우선 연구 개발계획서를 작성하지 않는다. 개발계획서를 작성하면 새로운 방향으로 나가야 할 경우에도 계획서대로 하다가 개발에 실패할 우려가 있기 때문이다. 개발은 여가를 활용하여 개발하는 것을 원칙으로 하기 때문에 개발 책임자도 개발의 기한도 없다. 그러나 예산은 개발이 완료될 때까지 무제한 지원한다.

개발하는 데 복잡한 프로세스가 없기 때문에 개발에 누구나 쉽게 착수한다. 일상 속에서 떠오르는 아이디어를 정리하여 함께 연구할 사람을 모아서 추진하면 된다. 스스로 결정하고 스스로 완성하여 자아실현의 욕구를 최대한 만족시키는 시스템이 정착되어 있는 것이다.

선착순으로 사람을 채용한다는 것은 이해가 가지 않지만 이 원칙은 지켜진다. 학력, 국적, 성별에 무관하게 지원한 순서대로 입사를 시키는 것이다. 여러 회사 중에서 주켄을 선택하여 입사하고 싶다는 것은 쥬켄의 가족으로 일하고 싶은 의지가 있는 것이다. 그 의지만 있더라도 입사할 자격이 있다는 것이다.

대기업들은 토익 몇 점 이상이라든지 학력은 대졸이라든지 여러 가지 입사 조건이 있다. 정해진 틀과 정해진 기준이 거의 비슷하기 때문에 잘 절제되고 회사 규칙을 잘 지키는 사람을 일괄되게 채용한다. 그러므로 일정한 기준에 정제된 개성이 없는 사람들만 근무하게 되는 것이다. 개성은 창의력을 뜻한다. 고로 개성 없는 사람이 새로운 것에 도전한다는 것은 매우 어려운 일이다. 선착순 입사 방식 때문에 주켄의 직원들은 개성이 넘치는 사람들이 대부분 입사하게 된다.

개성이 넘치기에 창의력 또한 최대한 발휘하고 있다. 개성이 창의력으로 연결되었기에 100만분의 1g의 플라스틱 톱니바퀴를 세계 최초로 개발한 성과가 나타났다. 개발자들은 박사도 아니고 공업고등학교 출신이었으며, 착수한 지 끈기를 가지고 15년 만에 완성한 것이다. 쥬켄의 직원들은 정년 없이 본인이 원할 때까지, 일할 수 있을 때까지 얼마든지 일할 수 있다. 건강한 사람이면 60대는 일의 노하우가 절정에 있을 때이고 기술자는 최고의 경지에 도달한 때이다. 최고의 기술과 최고의 경험을 충분하게 살리는 장을 회사에서 제공하여 부가가치를 최대한 올리고 최고의 품질을 구현하고 있는 것이다. 그리고 퇴사한 직원이 재입사를 원하면 바로 채용한다.

다시 돌아오고 싶은 사람들은 쥬켄에 미련이 있는 사람이다. 바깥에 가보아도 별수 없다는 것을 이미 체험한 사람들이므로 내부 직원들에게도 긍정적인 효과를 준다. 재입사 제도를 악용하기보다는 반성하고 새로운 기회로 삼게 되므로 재입사한 사람들이 미래의 주켄의 리더로 제 역할을 충실히 하는 사람이 많다.

쥬켄의 경영 방식은 미국의 경영학자 맥그리거Doulglas McGregor의 이론을 경영 현장에 잘 적용한 사례라고도 할 수 있다. 인간은 원래 선하다는 성선설에 기초하여 사람은 목표를 달성하기 위해 스스로 자기 통제를 할 수 있다는 Y이론적인 측면에서 기업을 경영하여 성공을 거둔 기업이다. X이론에 근거하여 관리를 하다보면 직원들이 눈치를 보고 타성에 젖지만, 반대로 Y이론으로 경영 활동을 하면 자신을 통제한다. 조직의 목표 달성을 위해 자발적인 노력을 하게 되므로 자아실현의 욕구를 최대한 만족시킬 수 있다.

직원 스스로가 판단하고 책임지게 하는 것은 직원을 신뢰하고 인정하기 때문이다. 사원들이 즐겁게 최선을 다해 일할 수 있는 회사를 만드는 데 필요한 요소가 무엇인가를 쥬켄의 신뢰 경영에서 배울 수 있다.

　1등 기업이 2류 기업과 다른 점은 업무의 수행 방식이다. 1등 기업의 직원들은 가치 있는 일에 집중하고, 근무 시간의 집중도가 높고 믿고 맡기는 책임 경영이 잘 되어 있다. 그리고 고정관념과 매너리즘에서 벗어나 명확한 목표와 성과 기준이 있다. 보통 기업과 1등 기업에 비해 가장 차이가 많이 나는 점은 창조적으로 생각하는 인재의 수다. 1등 기업은 신제품 개발이나 일하는 방식의 근본적 변화를 위해서 생각하는 인재를 모집하고 육성에 힘쓴다.

　'생각하는 인재'라는 의미는 미래에 대해 깊이 있게 고민하는 사람이며 끈질기게 창의적으로 제반 문제를 해결할 수 있는 사람을 말한다. 해결 과제를 포기하지 않는다고 꼭 성공이 보장되는 것은 아니지만 성공의 기회는 포기하지 않는 사람에게만 주어지는 것이다. 지금 아무리 힘들더라도 포기하지 않고 터널을 벗어나는 길이 있다는 사실을 믿고 도전하는 창조적인 인재가 미래의 먹거리를 찾아온다.

　창조적으로 생각하는 능력은 단시간에 길러지는 것이 아니다. 일상생활 속에서 부딪치는 제반 문제를 관찰하여 문제를 도출하고 그 문제를 해결하는 능력을 키우다보면 창조적인 인재로 탄생되는 것이다.

　대부분 기업의 일하는 방식을 보면 상사가 시키는 일을 수동적으로 처리하는 데 급급하다. 새로운 방식을 생각하기보다 반복되는 일 처리에 급급하고 타성에 젖어 일하고 있다. 1류 기업들은 신입 사원 때부터 변화를 추구하고 생각하는 습관을 키우도록 교육킨다. 그리고 창조적 혁신 문화를 받아들이도록 지속적으로 행동 혁신과 과제 해결에 시간을 투입하도록 강조한다.

필자는 매년 머리 가르마를 반대로 바꾼다. 작년에는 왼쪽에 가르마였는데 올해는 오른쪽으로 바꿨다. 신발 신는 것과 양말 신는 것과 내의 입는 방법을 매월 바꾸어서 오른발부터 신다가 다음달에는 왼발부터 신는 것이다. 그리고 와이셔츠 단추를 잠그는 것도 한 번은 윗쪽에서부터 그 다음달은 아래쪽에서부터 하는 식으로 하여 생활 속에서 반대로 하는 훈련을 한다.

우리가 의식 혁신이라는 단어를 많이 사용하지만 성인은 좀처럼 의식 혁신이 어려운 법이다. 그래서 성인들의 의식을 혁신하는 방법은 행동을 먼저 혁신하게 하는 것이다. 행동이 바뀌면 의식이 바뀌기 때문이다. 삼성이 신경영을 추진할 때 7~4제(7시 출근, 4시 퇴근)를 도입한 것도 행동 혁신을 통해서 의식 혁신을 유도하는 정책이라고도 할 수 있다.

기업에서 경영 혁신 운동을 처음 시작할때 제일 먼저 하는 것이 5S 정리, 정돈, 청소, 청결, 습관화 활동이다. 몸으로 직접 청소와 정리 정돈을 몸소 실천하여 좋다는 것을 알면 행동이 바뀌어서 의식의 변화를 유도하는 것이기 때문이다.

창조적인 인재를 길러내는 삼성이나 도요타는 신입 사원에게 제일 먼저 가르치는 것이 지시한 대로 일을 하기보다는 항상 의문을 가지고 보다 더 나은 방식을 찾고, 그 방식을 행동으로 실천해보라는 것이다. 새로움에 도전하고 변화의 중심에 서서 글로벌 경쟁력을 갖기 위해서는 창조적 발상이 몸에 배일 정도로 행동하는 인재를 키우는 데 최선을 다해야 한다.

그러므로 창조적 인재로 재탄생하기 위해서는 스스로 학습하는 자세가 필요하다. 창조적 혁신을 공부하고 연구하기 위한 도서가 많이 있지만, 필자는 이론적인 면보다 실제의 직장생활 속에서 창조적 인재의 중요성을 강조한다. 또한 창조적 인재가 되어 행동으로 실천하게 하는 방안을 제시한 면에서 차별화된 책이라고 할 수 있다.

한국의 미래를 짊어지고 갈 젊은이들이 이 책을 잘 읽고 창조경제를 실천하는 주역이 되었으면 한다. 그들이 창조력을 끌어내고 넓히

고 늘리어서 기업 활동이나 개인 생활에 창조적인 혁신 활동을 잘 적
용하기를 바라는 마음이 간절하다.

창조력 마켓

초판 1쇄 펴낸 날 | 2014년 2월 28일

지은이 | 정철화
펴낸이 | 이금석
기획 · 편집 | 박수진
디자인 | 김현진
마케팅 | 곽순식, 김선곤
물류지원 | 현란
펴낸곳 | 도서출판 무한
등록일 | 1993년 4월 2일
등록번호 | 제3-468호
주소 | 서울 마포구 서교동 469-19
전화 | 02)322-6144
팩스 | 02)325-6143
홈페이지 | www.muhan-book.co.kr
e-mail | muhanbook7@naver.com

가격 13,500원
ISBN 978-89-5601-331-2 (13320)

잘못된 책은 교환해 드립니다.